AF593349

La solitude du bac à sable

Emma Meynier

La solitude du bac à sable

ISBN : 979-10-377-9874-9

Prologue
Chaos

Tout ouvrage devrait comporter un chapitre zéro. On estime que ce chiffre fut inventé par les Babyloniens. Au départ ce n'était d'ailleurs pas un chiffre mais un symbole mystique. Il marque l'absence mais aussi son indispensable fonction et présence dans le système numérique. Au fil du temps, il a muté, il s'est adapté.

De rien au départ, il est devenu pleinement présent. Chez les Grecs, il aurait été le symbole de la voûte céleste et puis chaque civilisation le réinventa à sa guise. Pas aussi ovoïdal, il contenait un arc en son sein chez les Mayas. Mon symbole ovoïdal sera l'Asperluette, zéro stylisé, visage anonyme né de rien, du chaos. Révolutionnera-t-il le fatum, le poids de la tragique destinée des petites filles et des femmes ayant un trouble autistique sans déficience intellectuelle, que personne ne perçoit en son indicible et transparente différence, un TSA/SDI pour les boulimiques d'acronymes ?

Selon l'hagiographe Hésiode, dans sa célèbre *Théogonie*, au départ était Chaos, le vide fécond d'où naquirent Gaïa, la Terre Mère, matrice féconde et Ouranos, le ciel, son époux. Ces deux entités s'unirent et de cette prolifique fusion naquirent tour à tour d'autres dieux et déesses jusqu'à ce que Gaïa décide de demander à l'un de ses enfants, Cronos, de castrer son époux avec la faucille d'airain puisé de ses profondes entrailles. En son sein même, notre Terre Mère possède le pouvoir de donner la vie et celui de la reprendre, depuis la nuit des temps. Matrice féconde et généreuse, Gaïa donne et reprend au gré de ses caprices et l'Homme, bien avant sa réalité incarnée lui appartenait et lui appartient, aussi fragile qu'un fétu de paille. L'Homme à l'orgueil démesuré qui croit tout savoir, tout connaître et tout maîtriser d'elle, y compris son destin.

Rien ne naît dans l'harmonie en parfaite symbiose, en un accord parfait. Pour grandir et s'émanciper, il faut tuer le père ou la mère, s'en affranchir pour finir de grandir, mieux partir et régner à son tour en maître de sa vie jusqu'à ce que la roue tourne, inéluctablement. Tel est le destin de tout un chacun.

Je tiens à mettre en garde de potentiels lecteurs quant au style quelque peu schizophrénique, voire déstabilisant de ce qui va suivre au fil des pages. De nombreux spécialistes ont confondu les femmes TSA avec des malades mentales, à tort, et le font toujours, hélas.

Il réside en chacun de nous un chaos intérieur, une profonde dichotomie, un schisme, entre ce qui se pense et ce qui se dit, entre ce qui se fait ou bien ne se fait pas. Nous sommes tous contraints, contenus parfois de manière castratrice par les conventions sociales et des normes tolérées au gré des temps, des époques et des peuples. À mon sens, la personne autiste peut jouir de cette parfaite liberté d'être vraie, pure, affranchie de l'hypocrisie de ceux qui en usent et la manient comme une arme de destruction massive : celle de l'homogénéisation du mieux taire le beau, le vrai, le bon pour faire régner les supercheries en tout genre. Faire taire le silence pour que l'on subisse le verbiage stérile teinté de polémiques cacophonies chaque jour. Le mutique silence de la personne autiste qui contemple un monde qui lui est étranger pour vivre dans son univers riche, libre des entraves d'une société dans laquelle l'Homme est devenu un esclave… si vous saviez comme ce monde intérieur est riche et vaste.

Il faut se méfier des apparences, dit-on. Vous allez entendre ma voix intérieure, polyphonique, foisonnante, tour à tour triste, drôle, irrévérencieuse, provocante, voire discordante, pathétique, celle qui ne s'est jamais fait entendre. Elle n'a qu'une envie, qu'une obsession qui la hante à chaque inspiration, chaque souffle de son être de chair et de sang : l'envie de crier justice et rédemption pour ces petites filles et femmes ignorées que forment les transparentes Asperluettes.

Voici l'histoire de ma vie, édulcorée, pour ne pas choquer les âmes bien pensantes, confortablement installées, vautrées dans leur sofa sociétal, pétries de convictions et de certitudes, pour que plus jamais une femme autiste soit ignorée, passée sous silence.

Je crie ma colère au fil de ces pages, vécues au fil du temps de l'élucidation de mon syndrome d'Asperger que nul ne pouvait soupçonner jusqu'à ce qu'advienne un accident de la vie. Ce livre est un non-genre, un non-journal intime, non classable, à l'image des Asperluettes, libres en somme de revendiquer qui elles sont, réclamant le droit de vivre pleinement leur différence invisible sans faux self, sans compromissions épuisantes au prix de leur santé physique, morale et psychologique, ployant sous le joug de l'ignorance de leur mode de fonctionnement.

Chapitre 1
Cours, Forrest, cours…

Toi, 119, numéro maudit et toute ta clique de chiennes stupides, ignorantes, incompétentes et cruelles aux abois d'une chasse à courre, vous ne me rattraperez jamais. Je survivrai une fois de plus, ce n'est qu'une épreuve de plus. Résiliente, je fus, résiliente, je resterai jusqu'à mon dernier souffle.

Enfant non désirée, accident de la vie, erreur de la nature, méchant électron libre, vulgaire morpion qui s'est accroché comme elle a pu aux parties sales de son existence agrippée promptement, tant bien que mal, à bout de souffle, épuisée, pour survivre aux harcèlements systématiques, aux violences, aux incompréhensions en cascades, la peur aux tripes, la tête en effervescence et le cœur broyé, réduit en poussières grises éparpillées aux quatre vents une fois ses filles placées en Foyer par la Protection de l'Enfance, sans aucun discernement de qui était cette simple femme. Oui, Femme ordinaire, banale, aux fonctionnements neurobiologiques différents, toujours maltraitée depuis sa plus tendre enfance, jusqu'à récemment par des institutions barbares, grotesques, censées protéger ses citoyens. Aux armes citoyennes intelligentes, hypersensibles, incomprises, harcelées, maltraitées, petites victimes du bac à sable, parlez, levez-vous, brandissez votre différence pour que plus jamais, on ne vous viole, on ne vous humilie, on ne vous respecte dans ce qui fait votre différence mais avant tout, votre richesse et votre force. Femmes HPI, autistes, redressez la tête fièrement, ne vous cachez plus, afin que plus personne, en France, ou ailleurs, ne vous accuse sur fond de diagnostic hasardeux, cromagnosnesque, datant de deux siècles de forfanterie ! Que la bêtise et l'ignorance cessent enfin, que la liberté soit et elle sera, pour peu que l'on ose dire l'indicible : la honte de nos institutions et les injustices qu'elles drainent dans tellement de domaines, sa prétendue « justice » en tête de cortège.

Chapitre 2
La Genèse : Et Dieu ne créa pas l'Aspergirl

Tu fais ch⁂ ! Eve. Tu m'as toujours fait me poser des tonnes de questions sur mon genre, le sexe, le relationnel homme/femme, l'Église, la Chute des Anges et compagnie ; tu as fait couler tellement d'encre sur l'égalité entre les Hommes et les Femmes… on t'a mise au pilori ou encensée au gré des époques et des courants et au départ, je ne pensais même pas que je commencerais cette lourde tâche que je ne mènerai certainement pas à terme par toi. Tu me fais vraiment ch⁂ ! Pourtant, je n'emploie que très rarement de grossièretés, mais là tu fais office de chèvre émissaire (le bouc ce sera pour Adam) de ma misérable condition de femme sur la voie de la reconnaissance du syndrome d'Asperger. Et ouais, je ne suis pas encore l'Élue de l'année, loin de là et j'ai pas vraiment demandé à faire partie du troupeau des Aspergirls, quoique, en fait j'ai une trouille du diable de m'en voir refuser l'accès parce que là, je serais vraiment dans la mouise parce que je me cherche depuis tant d'années… la juive errante en pas juive, chassée du Jardin d'Eden à coups de pompe dans le derche, tombée sur terre, Martienne, qui vient de découvrir que la Terre n'est pas sa planète et que je ne viens pas non plus de Vénus, non, non, de Mars, la planète des guerrières, si, si, comme les mecs… j'ai pas lu le livre, juste le titre. Comment on a pu mettre les hommes et les femmes dans un panier différent ? La séductrice d'un côté, le coq en rut de l'autre, je caricature. Tiens, parlons-en du COQ Gaulois… comment une nation comme la nôtre a-t-elle pu se vanter de cet emblème ? Les ergots sur un tas de fumier, fier de réveiller la gente populace insomniaque à 3 h 15 du matin, je dis bien 3 h 15 et que je donne de la voix tous les quarts d'heure ? J'ai rêvé de coq au vin toutes les nuits à cause du coq des voisins, ce qui m'a donné l'occasion de réfléchir à la sombre bêtise franchouillarde de ceux qui ornaient leurs vestes et drapeaux sportifs de ce fameux coq, qui veille fièrement sur ses cocottes soumises et béates d'admiration pour leur boss de la basse-cour, plumes étincelantes, crête au vent, prêt à en découdre avec le coquelet jeunot entre deux cocottes au croupion alléchant. L'emblème du pays des Droits de l'Homme, Liberté, Égalité, Fraternité ? Mais je m'égare… normal, j'ai un cerveau Sapin de Noël qui danse un mélange de Carmagnole et de gigue écossaise au son de la cornemuse en contemplant tout ce qui bouge… Sapin de Noël car en bonne HPI, j'ai une intelligence en arborescence qui pense plus vite que pas mal de monde tout en étant persuadée que je suis d'une bêtise navrante. Mon Beau Sapin, roi des forêts, pas vraiment… j'aime pas ton ramage, j'aime pas ton plumage, zut, ça c'est *Le Corbeau et le Renard*, la faute au coq, comprenne qui pourra… moi je me suis. Serais-je la seule ? Pourvu qu'on m'ouvre la porte.

« Ouvre-moi la porte, toi qui as la clé, de la grande écoleuuu du monnndeuu… »

Enrico ! Si du savais comme je t'ai supplié quand j'étais gamine de me la filer cette clé, parce que je n'y comprenais rien, moi, à ce monde, et que toi, tu chantais, l'air rassurant, auprès d'une mioche de mon âge en lui expliquant que tu allais lui faciliter la tâche et que les adultes, c'était leur job de faire en sorte que les gosses soient rassurés. Enrico, tu avais l'air tellement gentil, je ne comprenais pas pourquoi mon père t'appelait « Machiasse », tout comme j'ai longtemps cru que la marque des tranches de jambon ruisselantes d'eau (grand mystère, elles avaient pleuré elles aussi ?) Fleuris Nichons ? Des seins portant des colliers de fleurs comme les Tahitiennes, que c'était beau… mais pourquoi les tranches de jambon pleuraient-elles et où étaient les Tahitiennes sur les paquets ? J'ai poussé ma logique jusqu'à être persuadée qu'il y avait eu des fautes d'orthographe sur les paquets quand j'en ai appris les bases car c'était un M au lieu d'un N… Michon ? C'est qui ? Où sont les Tahitiennes ?

Oh mais mon Brave Monsieur, des anecdotes comme celles-ci, je pourrais en faire des encyclopédies, raisonnements mathématico-linguistico-philosophique à la Emma sans rien lâcher, des semaines entières, à l'appui des bribes que je pouvais collectionner du monde que j'appréhendais sans aucune explication qui me satisfasse vraiment, doute méthodique teinté d'une naïveté chevillée au corps par manque de confiance en elle-même et d'une volonté sans faille de faire plaisir pour mieux m'intégrer à ce vaste monde. Je ne comprenais pas le monde, tout comme je ne le comprends toujours pas maintenant, à plus que cinquante ans. Suis-je autiste ?

Comme nous sommes, chers non-lecteurs, qui n'existerez sans doute jamais (mais là encore, j'exécute une demande, j'y reviendrai, patience), nous ne sommes, dis-je, qu'à la genèse laborieuse du récit de ma vie « merdique » et j'emploierai souvent ce mot et ferai souvent référence à notre vie intestinale humaine, bien bestiale, commune à tous, à laquelle nous sommes soumis quoiqu'il arrive, peu importent le pouvoir, la gloire, l'honneur, notre place dans la société. Tout le monde a des intestins et va aux toilettes et ces maux sont connus de nous tous. C'est la plus efficace des métaphores et des métonymies qui soit. Reprenons, je suis dans l'attente du verdict qui prendra encore des mois, pour savoir si je suis AS PI GIRL… en quoi ça pourrait vous concerner ? Eh bien la faute de Hans Asperger, à ses cobayes hommes et au DSM V, putain de Bible Merdique qui a oublié Eve. Et j'ai décrété que Dieu était une femme noire et juive. Basta. On va enfin en finir avec les guerres de religion une bonne fois pour toutes !

Sans oublier le COQ gaulois sur son tas de fumier. CQFD. La boucle est bouclée. Certes, je vous accorde que ma démonstration soit quelque peu alambiquée, mais tous les responsables de mon histoire de merde sont présents dans ce premier chapitre… ou presque.

Il manque encore les Institutions et les Services Sociaux, la « Protection de l'Enfance »… *« Ouvre-moi la porte, toi qui as la clé... ».*

Au tour de mes filles d'être les victimes de ce monde qui marche à côté de ses pompes, moi qui aurais tellement voulu qu'elles soient protégées et qu'elles ne passent jamais par les chemins tortueux de leur zèbre de mère. Honte à toi France et à ton Coq… Liberté, Égalité, Fraternité… il serait temps que les choses changent enfin. Maman n'a pas su vous protéger, j'assumerai ma responsabilité jusqu'au bout mes filles. Je suis indigne de votre pardon.

Suis-je autiste ?

Chapitre 3
« Il était une fois
un ouvrier que tout le monde haïssait… »

Laissez-moi me « presque présenter ». Je ne mérite pas un vrai nom d'auteure, je ne suis pas auteure. Je ne suis personne, une *Nema*, Nemo étant déjà occupé ailleurs. Une inconnue. J'ai un job simple, que j'adore, j'ai passé la cinquantaine, une vie insignifiante. J'avais un mari, une famille « idyllique », des enfants bien élevées, gentilles, ouvertes sur le monde, drôles, et pourtant, un jour, tout a basculé dans le cauchemar. Je reste seule dans ma maison, avec mes animaux, à remonter la pente et à balayer les miettes de ma vie en essayant de trouver des réponses et en me battant contre un système bien plus fort que moi. *On* m'a demandé d'écrire mon histoire pour éviter qu'elle ne se reproduise car hélas, il semblerait que je ne sois pas seule à avoir traversé cet enfer. J'ai trouvé intéressant de commencer à la rédiger pendant mes vacances, utiliser enfin mes dons et commencer à y croire, puisqu'on me l'a dit, il serait temps que je prenne confiance en moi… *« Écrivez pour que l'on sache ce que vivent des femmes autistes à qui on prend leurs enfants car vous n'êtes pas la seule à qui cela est arrivé et encore aujourd'hui, plusieurs femmes sont dans votre cas. Nous ne savons plus comment remédier à ce problème en ce moment au CRA (Centre de Recherche Autistique), les psychologues chargés des enquêtes de l'UEMO ignorent totalement ce qu'est le syndrome autistique et les femmes qui le portent voient leurs enfants placés par manque de connaissance du trouble ».*

Les Services Sociaux de *la Protection* de l'Enfance m'ont pris mes filles adolescentes, sans que j'y comprenne quoi que ce soit, accusée du jour au lendemain d'être une mère maltraitante physiquement et psychologiquement. Mes filles ont été placées en Foyer d'Urgence (ASE) où l'on ne « trie » pas les enfants maltraités et ados maltraitants. Je dis bien du jour au lendemain, une juge a considéré, qu'au vu des rapports établis en un jour par des travailleuses sociales, et des psychologues freudiennes et non formées aux neurosciences et sciences comportementales, restées à l'âge de pierre du freudisme, ces psychologues de l'UEMO (ah, les sigles !), mes filles ont dû être protégées, selon elles, par l'État, de la *maltraitance* de leur mère et du *laisser-faire* de leur père, « complice ». Je crois avoir touché le fond de l'incompréhension de ce monde à ce moment-là de ma misérable existence de monstre, moi la Martienne, quand on m'a enlevé la chair de ma chair avec interdiction de les voir seules à seules jusqu'à leur majorité, qui à l'heure où j'écris, aura lieu dans 9 mois, le temps d'une grossesse. Les ai-je battues ? Non. Les ai-je mal nourries, mal éduquées, mal habillées, privées de quoi que ce soit ? Non. Et là, si une jeune juge zélée et un système vous affirment le contraire, des éducatrices spécialisées vous demandent « d'avouer », de « reconnaître les faits » pour entamer un travail de réparation et un travail sur la « bonne parentalité » (j'ai découvert plein de nouveaux mots dans cette jungle), vous commencez par vous dire qu'il y a bien *un truc* qui cloche et que vous avez fait vraiment *un truc* de travers super grave, pour qu'un policier, au tribunal, débarque et vous prenne vos enfants pour les emmener loin de vous dans un endroit tenu secret, mais quoi au juste ?

N'attendez pas d'aide de vos parents, amis et de vos filles parce que là, vous êtes le lapin de garenne au beau milieu d'une lande le jour de l'ouverture de la chasse… basses les oreilles et rapides les slaloms entre les balles, il en va de votre peau. Vous vous retrouvez seule contre un système aux rouages qui grincent mais qui ne reconnaîtra jamais qu'il y a des grains de sable de leurs engrenages mal huilés, rouillés et que tout le monde n'est pas à mettre dans le même sac. Une juge a tous les pouvoirs : on baisse la tête, on courbe l'échine, on remercie, poliment, à la sortie de l'audience, on se tait, ou bien c'est l'outrage à Magistrat, et surtout, surtout, on ne réplique pas.

Mais ce n'est pas mon genre. JAMAIS je ne courberai l'échine devant un système qui broie, qui plie, qui humilie et certainement pas dans mon pays : Liberté, Égalité, Fraternité. Je suis Citoyenne du Monde aussi, un monde qui va bien faire enfin une place aux femmes Asperger, non ? Pour le moment, j'ignore si je le suis et à ce moment-là, je ne savais même pas que je pouvais suspecter de l'être…

Hier matin, mon compagnon est venu me déterrer de sous mon oreiller, roulée en boule, souffrant le martyre au milieu d'une tempête émotionnelle aux allures d'un radeau dans les quarantièmes rugissants, cinquantièmes hurlants et soixantièmes déferlants de désespoir et il m'a raconté cette histoire…

« Il était une fois un simple ouvrier qui travaillait dans une usine occupée par les Allemands pendant la Seconde Guerre Mondiale. Il était très zélé, faisait tout ce qu'on lui demandait, faisait des heures supplémentaires pour satisfaire l'Occupant. Il arrivait le premier, partait toujours le dernier. Il était haï et conspué par les "Bons Français" qui lui crachaient au visage. Lui continuait consciencieusement sa tâche sans faillir. Or, à la fin de la guerre, on apprit qu'il faisait partie de la Résistance et qu'il avait fourni des pièces de cette même usine à tous les résistants et avait contribué à la victoire des Alliés, sans rien dire, en subissant tous les outrages et les maltraitances.

« Fais attention, patiente, sois prudente, il ne faut pas que tes filles subissent davantage que ce qu'elles endurent », a-t-il ajouté en essuyant mes larmes et en me demandant pardon de ne pas toujours être à la hauteur. À la hauteur de quoi donc ? Cet homme est le dernier à me soutenir et à avoir cru en mon innocence sans même me connaître dès le départ de notre relation.

Ils ont mené une enquête à la Inspecteur Gadget… je ne me suiciderai pas parce que j'ai mes animaux qui ont besoin de moi et que personne ne prendrait soin d'Ernest, mon vieux chat famélique recueilli le mois dernier et de Jelly, abandonnée à la SPA. Pourtant, tout est prêt et j'ai soigneusement réfléchi au mode opératoire mais je ne lâcherai pas, moi, le Monstre, l'Accident de la vie, non prévue au programme, qui n'a eu de cesse de nager ou de courir à contre-courant.

Quand le moment sera venu, je déciderai quand partir mais pas dans le désespoir.

Mais suis-je autiste ?

Chapitre 4
La modification des Syrtes

Au moment de commencer ce troisième chapitre, je contemple et fais défiler entre mes doigts mon bracelet en pierres d'œil de faucon, que je ne vais pas tarder à perdre, comme bien d'autres. Je l'ai acheté en éclatant d'un rire sonore… Nathanaël, *Le Dernier des Mohicans*, œil de faucon… un résistant, un bracelet qui me porterait chance pour commencer ce livre à non paraître. « Seul compte le chemin parcouru, petit scarabée » ! Viser juste et avancer. Cours Forrest, cours ! Born to run… Et cette chanson de Soprano, *Forrest* qui me fait pleurer dès que je l'écoute car c'est l'histoire de ma vie :

Forrest, cours, cours, Forrest, Forrest, cours
Je raisonne pas trop comme les autres
J'ai des rêves pas trop dans les normes Est-ce ma faute si je fais les choses
Quand mon cœur m'en donne l'ordre ?
J'en ai souffert sur les bancs de l'école
De cette différence
Les murmures que porte mon dos
Ont parfois fait saigner mon cœur
Mais je sais que c'est un cadeau
De ne pas faire partie des suiveurs
J'en ai souffert sur les bancs de l'école
De cette puissance
Car je cours
À contre-courant
Vers ce qui me maintient en vie

Cette liberté d'être qui je suis
Oui, je cours
À contre-courant
Même si le monde ne me comprend pas
Ça n'a pas de prix d'être soi
J'ai toujours cru en ma bonne étoile
Donc j'ai couru en fermant les yeux
J'ai déplacé des tas de montagnes
Avec la force de mes vœux
Aujourd'hui je connais ma différence
Et c'est une chance
Car je cours
À contre-courant
Vers ce qui me maintient en vie
Cette liberté d'être qui je suis
Oui je cours à contre-courant
Même si le monde ne me comprend pas
Ça n'a pas de prix d'être soi.
Forrest, cours, cours, Forrest.

Soprano, *Chasseurs d'étoiles*

Cette chanson est magnifique et pourrait devenir l'hymne de tous les différents de la terre, de ceux qui ne raisonnent pas comme les neurotypiques, au même rythme, plus vite ou plus lentement, ou différemment. Pourquoi enfermer tout un chacun dans des boîtes hermétiques qui ne laissent passer ni la lumière ni l'air frais ? A-t-on peur de pourrir prématurément ? Nous sommes tous des yaourts avec une date de péremption, la vieillesse, et voués à la non-consommation, la mort ? Alors, autant vivre à l'air libre, selon nos arômes non chimiques et nos parfums subtils au lait cru, sans additifs chimiques, nom d'un p'tit camembert AOP.

Ce sont bien sûr les bancs de l'école que l'on commence à comprendre que l'on ne rentrera jamais dans des petites boîtes préfabriquées en usine sur des chaînes automatisées à haut rendement où l'humain n'intervient plus, juste pour contrôler au hasard de la chaîne, la qualité dudit produit standardisé. Le yaourt défectueux a vite fait de dégager ou bien il risquerait d'affecter toute la production !

L'autiste risquerait-il d'affecter toutes les productions ? Il semblerait bien que oui car trop de finesse et d'intelligence ne font pas bon ménage avec la production de masse où il ne faut surtout pas sortir de la chaîne standardisée de production. Le monde est prêt pour le métavers. Nos jeunesses sont archi prêtes pour vivre par procuration dans un univers parallèle qui fait froid dans le dos. L'autiste est tout sauf une personne qui n'aime qu'elle-même. *Rain Man* a fait beaucoup de mal aux personnes atteintes de TSA et les femmes en premier. Le *Spectre* autistique… rien que le mot me fait grimper dans mon sapin de Noël… spectre, spectral, un mélange de fantômes, de revenants, une perspective menaçante et des stroboscopes qui créent des effets de lumières hypnotiques insupportables, des troubles neurobiologiques, nous y voilà… *mais non, c'est tellement « vaste », en éventail, voilà pourquoi on parle de « spectre »* m'a-t-on expliqué en plaçant les deux mains de V quand ma Psy n° 4, que je surnommerai *Wonder Psy* a vu mon air dubitatif en entendant ce mot que je connaissais pourtant bien, puisque je suis « enseignante spécialisée » et ai fait des stages avec des personnes autistes sévères en IME, comble de l'ironie de cette farceuse de vie. Dans cette histoire, le spectre fantôme s'est bien caché mais la perspective menaçante est bien là. Cela me fait songer (attention ça sent la résine) au roman de Julien Gracq, *Le Rivage des Syrtes*, le roman de l'attente. Il ne se passe strictement rien… juste une menace qui plane, avec un mélange de *La Modification* de BUTOR, où au contraire, le type qui voyage dans le train voit sa vie transformée et où tout passe et défile. Je vis *La Modification des Syrtes.*

Descends de ton arbre, revenons à nos moutons, mais pas ceux de Panurge. Je les ai toujours haïs ces moutons, qui ne pensent pas et qui suivent alors qu'il y a tant de choses à observer ! Si les tests ne confirment pas mon TSA, au moins je resterai zèbre, ce n'est pas si mal, je pense, de travers et appelez-moi *Madame TROP* qui explique trop, qui parle trop vite, qui pense trop vite, qui rit trop fort, qui vit intensément trop fort, qui exagère trop, qui en fait de trop en tout.

Allez, au « trop » et moins vite que cela, hue la carne, et avec les œillères stp, on ne regarde surtout pas partout ! Tête baissée sans réfléchir, on obéit !

Mais non, Madame TROP, vous n'êtes pas un monstre, ôtez-vous cela de la tête ! dixit Psy n° 4 et Wonder Psy.

Chapitre 5
Et si on taquinait le goujon ?

La *normalité* n'est ni une fin en soi ni un but à atteindre. Et d'abord, penchons-nous un peu sur le terme de *normalité*… c'est précisément ce mot, un parmi tant d'autres, que je répétais en boucle dans ma tête pour les déstructurer, jouer avec eux, tels des compagnons fidèles de jeux, leurs sonorités, leurs couleurs qu'ils m'offraient à l'infini, les éclats de rires sonores non contenus, qu'ils me donnaient, comme des cadeaux ou des cailloux blancs du Petit Poucet perdu dans ma forêt de l'incompréhension de mon entourage, ou dans ce conte que j'écoutais en boucle sur le vieux vinyle de mon enfance. Je me souviens encore de la chanson et de la voix de Jacques Fabry : *Où es-tu passé Petit Poucet, on te cherche, on te cherche, où es-tu passé Petit Poucet, on te cherche, on te cherche, sans savoir, sans savoir, savoir où tu es… Sa-sa-savoir où tu es, es. (répétait le dernier de ses frères bègue)*

— Me voilààààààà !

— Ah ! (les frères en chœur)

— Vous pouvez commencer l'histoire. (Poucet au narrateur)

— Merci bien (disait le narrateur), ouf, ça pouvait commencer.

Ce qui me rassurait car s'il parlait et qu'il donnait l'autorisation au narrateur de raconter une histoire passée, c'est qu'elle avait eu lieu, donc que je ne risquais rien, et que je pouvais l'écouter sans avoir peur, même si je l'avais déjà écoutée, ce passage me rassurait tout le temps. C'était un rituel bienveillant, un panneau de signalisation dans ma propre forêt à moi, qui me donnait l'autorisation de pouvoir écouter la suite sans cette peur qui m'accompagnait toujours.

J'étais le Petit Poucet qui devait toujours avoir une poignée de cailloux blancs dans ses poches, le couteau de survie en milieu hostile, un monde que je devais affronter seule, sans aucune explication de quiconque.

Aujourd'hui encore je marche les yeux à terre, avec une fascination, une *fixette* sur les chaussures des gens. *Normal* me suis-je dit bien des fois, c'est ce que j'aperçois en premier du monde qui m'entoure, puisque je regarde par terre. Je ne fixe personne dans les yeux de manière naturelle. En général, je m'arrête aux détails des lunettes, des bijoux, d'une mèche de cheveux, d'un détail du visage comme une ride, un poil, une tâche et je le scrute. Ce détail absorbe mon regard, il le vampirise. Les gens croient que je les regarde dans les yeux, mais tout n'est que leurre. J'ai *appris* à moduler mes regards en fonction des situations. On m'a dit que j'avais les yeux bleus. Je dis bien « on m'a dit » parce que je n'ai aucune image de moi. C'est comme si je me regardais dans un miroir sans teint. J'ai tenté un nombre incalculable de fois de capter la *vraie* couleur de mes yeux et je demande encore régulièrement à mon compagnon de me montrer une femme qui a la même couleur d'yeux que moi. J'interprète une image de moi que l'on me donne. Je me suis surprise, observée, ces derniers temps, à toujours demander des explications aux rares personnes qui m'entourent ou à me débrouiller pour obtenir une explication détournée, l'air de rien. Tout n'est que « calcul » et « probabilités » de bien faire/mal faire/réussir/échouer dans mon relationnel à autrui. J'ai tout *appris* par moi-même en utilisant ma grande capacité à observer les détails, à les synthétiser, ces détails que je pensais que tout un chacun pouvait voir, jusqu'à présent en tous cas. C'est intéressant, dans cette période de latence, d'entre-deux, que je sorte de moi-même pour la première fois et que je m'observe avec des yeux scrutateurs comme j'ai observé le monde pour le comprendre. Je me dédouble et m'analyse en parfaite inconnue qui se découvre objet, cobaye, Terra Incognita. Mais en même temps, je me connais bien quelque part, je *taquine mon goujon* intérieur, que je suis devenue.

Arrêt sur image mentale stooop :

Encore une expression qui m'a posé bien des heures de réflexion : *« taquiner le goujon »*... c'est parti. Pourquoi un pêcheur de notre entourage, dans mon enfance peuplée de mystères, fier de lui comme Artaban s'était vanté a posteriori un jour, devant une assiette de ces minuscules poissons frits par ma mère, de s'être levé de bon matin, d'avoir été « taquiner le goujon » ? Je ne me souviens de lui que son t-shirt sale, tendu sur un bide énorme et je me demandais comment il pouvait faire pipi en tenant son sexe, comme j'avais vu faire papa et mon frère. Mystère.

Sale type, tu as vu de quoi ils avaient l'air tes bébés poissons ? Comment peut-on employer ce mot ? Quand on taquine quelqu'un, c'est gentil ou méchant ? Les chatouilles de mon frère que je ne sentais pas, c'est taquin ? Les blagues pas drôles qui ne font rire moi mais pas les autres, c'est taquin ? « Je suis taquin, pas méchant », ça veut dire quoi quand la personne insiste et que tu ne comprends pas ce qu'il veut dire mi-lard mi-cochon mais qu'il ne faut pas demander d'explication parce *qu'une bonne blague, ça ne s'explique pas* ?

Ces bébés poissons, au passage, ils sont adultes ou pas ? Ils ont eu le temps de grandir, de vieillir, de vivre leur vie poisson avant que tu te lèves à une heure indécente où tout le monde dort normalement et que tu te réjouisses de nous rapporter ce truc infâme de petits poissons rachitiques, inoffensifs, qui ont agonisé hors de leur milieu naturel, frétillants, heureux, comme moi je l'étais dans l'eau, avant que tu ne les pêches, je ne sais comment (c'est méchant les hameçons), ils sont si petits, si fragiles, supplice n° 1 (tout porte un chiffre, faudra vous y habituer)... Puis que ma mère ne m'explique méticuleusement comment les cuisiner en les roulant dans de la farine qui colle, un poisson qui glisse voluptueusement dans l'eau douce recouvert de farine qui colle, supplice n° 2, et puis, truc horrible pour moi, odeur, bruit, la friture ! Friture de laquelle on ne devait pas s'approcher tellement elle était dangereuse, qu'elle puait, qu'elle éclaboussait sans crier gare en me faisant sursauter, qu'elle tombait des châteaux forts sur la tête des gens (peu probable ai-je appris récemment, l'huile coûtait cher, mais je ne le savais pas à l'époque, elle tombait des *meurtrières,* rien que le mot, lui encore foutait la trouille et de plus il sentait mauvais ce mot). Et comble du supplice, les minuscules poissons se recroquevillaient de douleur (supplice n° 3) pensais-je, et perdaient leurs beaux yeux bleus dans l'huile tellement ils avaient souffert, supplice n° 4 ! La satisfaction des convives qui se régalaient et les explications des adultes sur le citron et sur le fait qu'il fallait TOUT manger, tête comprise, yeux vitreux (ils n'en avaient plus de toute manière) atteignaient le comble du supplice pour moi. Bien fait, je n'avais pas à appartenir au peuple des Humains. Je n'ai toujours pas de friteuse chez moi, je ne fais que des frites au four. RIP petits poissons.

Et le citron ? Quel adulte a été assez cruel pour me détailler par le menu détail comment déguster une huître et vérifier que la pauvre créature se recroqueville bien sous la goutte du citron et est ainsi bien *vivante et fraîche* ? Et ta connerie, elle est fraîche ? Un jour ma mère qui adorait les huîtres a failli y passer une nuit, une rebelle moins fraîche que les autres avait vengé ses congénères. Elle a développé un anticorps et n'a jamais pu en manger une seule. Merci l'Univers.

Et là, dans ces moments de bonheur, j'ai envie de battre des mains et de sautiller sur place, comme une gosse, mais ça ne se fait pas quand on a plus de cinquante ans, pas grave, je le fais intérieurement quand même. Vous voulez savoir ce que je ressens à la vue d'une huître pendant qu'on y est, dans les détails culinaires de mon enfance qui refont surface dès qu'une personne mange une huître devant moi ? Avez-vous remarqué que lorsqu'on demande à une personne de vraies explications sur le monde, sa signification, personne ne vous répond mais quand il s'agit de montrer des choses horribles comme la torture animale, ils sont présents et détaillent en appuyant bien sûr chaque étape ?

J'adore la symbolique de l'huître bien avant Francis PONGE et son *Parti pris des choses*. C'est mon symbole l'huître ! Pendant mes études de Lettres, j'ai rêvé de devenir fleuriste ou éleveuse d'huîtres en Bretagne ou presque, parce que l'élever oui, la vendre pour la manger, certainement pas. D'abord elle vit au fond de l'océan, filtrant paisiblement l'eau salée pour ne se nourrir pacifiquement que des nutriments. Elle ne fait de mal à personne, faut pas venir la faire chier, laissez-la vivre au gré des courants. Un jour pourtant l'ostréiculteur la déloge pour l'exploiter, elle et ses copines. On va y introduire un petit morceau de nacre et une perle pourra se former au péril de sa vie. C'est doux, une perle, parfait, aux eaux uniques, elle chante les reflets de l'océan. *« Ah l'océan, pêcher des baisers dedans »*, merci Lucien (qui porte la lumière) Voulzy, si tu savais combien d'années tu m'as consolée et tu m'as accompagnée, tel un ami fidèle et apaisant.

L'huître fuit dès qu'on l'approche, elle se referme et il faut un couteau spécialement et sadiquement inventé par la main de l'homme pour la forcer. Elle ne se livrera jamais si ce n'est qu'au seul péril de sa vie et de la cruauté d'un prédateur qui lui veut du mal au lieu de l'observer vivre sa vie d'huître. Aucune d'entre elles n'a la même coquille, que l'on jette sans même un regard, sur un tas d'immondices alors qu'à bien y regarder, c'est un microcosme si riche, refuge de petits crustacés. Et à l'intérieur, c'est encore un autre univers qui s'ouvre et se déploie. Elle recèle en son sein les reflets de la lune et en elle miroitent et se répondent en cascade les couleurs les plus subtiles et délicates. Elle est l'envers de ce qu'elle donne à voir à l'extérieur et personne ne le soupçonne. Une fois forcée, bien qu'elle ait résisté jusqu'au bout sans rien concéder, elle au moins a résisté jusqu'au bout, on la sépare en deux, elle perd sa moitié d'elle-même, son unité vitale et est mise à nu, offerte comme une vierge. On vient lui verser sur ce flanc offert à la vue de tous, cette nudité forcée et dévoilée, une goutte de citron acide comme du vitriole qui défigure les femmes dont on cherche à se débarrasser en Inde, histoire de vérifier si elle est conforme en tous points aux attentes du sadique qui va la glisser sans sa bouche, la gober, la confondre avec sa salive et ses sucs gastriques, descente aux enfers… Qui plus est, lorsqu'on la viole, et qu'on pénètre au cœur de son être au péril de sa misérable existence, on la racle avec la pointe d'un couteau pour mieux la torturer, on la décroche de que qui l'a toujours rassurée, son milieu naturel du fond des océans paisibles, sans même y prêter la moindre attention, en l'aspirant bruyamment avec un râle de plaisir rauque et répugnant et une lampée de blanc en parlant fort. La *taquiner* avec la pointe du couteau pour vérifier si elle est bien vivante, si elle est bien prête à être suppliciée au milieu des éclats de rire du repas festif de convives qui ignorent à quel point ils font souffrir la nature et la pillent dès qu'ils se réunissent pour se livrer à leurs bacchanales jusqu'à ce que leur ventre explose et qu'ils n'en puissent plus d'ingurgiter autant de bouffe et d'alcool, à dire des choses d'une insignifiante platitude et bêtise, à se disputer ou se saouler, parce qu'autrement, prendre la vie animale n'est pas aussi amusante que cela, que leur vie n'est que platitude et ennui, à ne jamais se poser de questions sur leur vie intérieure. Un peu, beaucoup à la folie de l'alcool, autrement, on s'ennuie tous ensemble. Alors pourquoi vous vous réunissez ? *J'aime pas les banquets* dit le Schtroumpf Grognon. Alors là, je ne risque pas d'être la Schtroumpfette…

Mais il y a une justice, me plais-je à penser quelquefois, au milieu de ce carnage, j'ai appris récemment que les huîtres n'avaient pas de système nerveux. Vous ne pouvez pas imaginer à quel point une terreur d'enfance s'est envolée mais je ne toucherai pas pour autant à cette merveille des océans. Je me souviens avoir tenté d'expliquer à un de mes prétendants que j'étais comme une huître, qu'il ne fallait surtout pas y aller avec moi avec un couteau et que je résisterais, mais qu'avec patience, il y avait une perle en moi, pour peu qu'on aille un peu plus loin que les apparences. À votre avis, il a réagi comment ? Il s'est barré en courant, moi et mes huîtres, je pouvais retourner au fond de mon océan en Bretagne à écouter mon biniou, sentir les vagues déferler et le granit me régénérer, le seul endroit sur cette terre où je me sens renaître. Atao feal : traduction « Toujours loyal » en Breton, ma devise…

Mais revenons à mes goujons, frits : ils ne risquaient pas de se barrer du plat sur lequel ils gisaient piteusement les bougres ! Ils avaient les *non-yeux* de Monsieur LACHIVER. J'adorais le piano sur lequel papa jouait toujours le même air joyeux qui faisait dans ma tête « tagada tsoin-tsoin ». Je voulais jouer de ce piano, comme papa. Je voulais faire

« comme papa » jusqu'à ce que ma mère y mette un terme. On me conduisit donc chez un professeur, qui était aveugle de naissance et sans lunettes noires, hélas. Je me souviens que maman avait mis un peu de vernis rose sur le do du clavier afin que je le repère. J'étais tellement tétanisée de peur par les yeux de ce monsieur que je n'ai pas bougé. Tout était angoissant : ma mère qui m'avait conduite dans un endroit inconnu sans me dire où j'allais (j'ai horreur des surprises), le grand immeuble sombre, l'odeur de frais, pas de moisi, ce vieux monsieur aux cheveux blancs avec sa calvitie, et ses yeux vitreux comme les poissons frits, tout droit sorti d'un conte aurait fait fuir n'importe quelle enfant. « Elle est trop jeune pour cet instrument, elle ne comprend rien ». OUF. Merci Madame la Fée Sidération, pour une fois que tu fais un truc gentil pour moi. Je savais jouer le morceau de mon père à l'oreille et bien d'autres, mais personne ne l'a jamais su.

Maman a revendu le piano pour acheter un orgue électronique des années 80. Quelle horreur.

Elle nous a fait donner des cours, maman a toujours donné le maximum d'elle-même, j'y reviendrai. Je détestais les bruits de breloques et l'odeur des touches, le contact du plastique, les tempos et instruments préenregistrés. En fait c'était un supplice physiologique cet instrument, qui me stressait dès que je m'en approchais. Être dépendant d'une prise de courant pour jouer d'un instrument en plastique était un non-sens, une injure à la musique. Les partitions elles aussi étaient préfabriquées, standardisées. On devait suivre le manuel à la lettre. Des « gens » avaient pensé avant nous comment apprendre, le professeur s'y conformait à la lettre.

Le comble de la stupidité. Et si on n'y arrive pas ?

— Normal, il faut franchir ce morceau, c'est une étape obligatoire.

— Y'a pas moyen d'en faire un autre ? Je le déteste, ce morceau de pacotille, surtout avec une fausse batterie derrière et des sons de casseroles ajoutés pour soi-disant le rendre *plus fun*. Il est pourri ton morceau. Mais je n'ai rien dit. Je suis bien conditionnée à obéir.

J'ai compris il y a peu que *Let it be* des Beatles faisait partie du répertoire de ce manuel, sauf que je ne l'avais pas reconnu ce fichu morceau. Les sons multiples et aigus me donnent la nausée et des maux de tête. Écouter un morceau imposé en voiture ou la radio m'est impossible. Je me contiens pour ne pas sortir de la voiture quand ce n'est pas la mienne. C'est impoli de sauter sur le bouton « arrêt » compulsivement quand on t'accueille à bord. Mais je sais qu'après le trajet imposé, je vais devoir faire retomber la tension. Je m'enferme dans mon mutisme et je fuis intellectuellement, spirituellement, en observant le paysage, ouf, une porte de sortie dans la boîte de conserve, et je me dis que cela est ponctuel, que je connais le trajet, donc zen Ma Grosse (j'adore me parler ainsi… avec bienveillance). Quand j'écoute un morceau j'entends tout : ligne de basse, guitares, tous les instruments, les modulations de la voix, les respirations du chanteur, et les paroles bien sûr. Je traduis dans ma langue maternelle et je commence les explications de texte et spécule sur les intentions du parolier quand il a écrit les paroles. Sont-elles autobiographiques ? Nous a-t-il menti ou est-ce une chanson pour payer ses impôts ? Bref, c'est épuisant et il n'y a pas de bouton « off ».

Maman et papa ont dû s'endetter et échanger la breloque à pédales, crédit en prime, contre ce si beau piano, qui avait une histoire et contre lequel je m'étais collée si souvent pour ressentir les cordes frappées et son ventre respirer, comme un humain. Il vivait mon piano, il était fort, rassurant, il respirait comme un humain qui me protégeait. On avait grimpé dessus, escaladé sa montagne, marché pieds nus sur ses touches, parcouru les sons avec un peigne, les doigts, les mains, le menton, la chienne Nénette. Il nous avait surveillés les mercredis après-midi quand maman travaillait et nous interdisait de sortir jouer dehors avec les autres enfants de l'immeuble. Ce piano avait été notre nounou, indestructible. La première fois que j'ai vu ses entrailles, c'était comme si je découvrais les entrailles de la baleine version *Moby Dick*. C'était fascinant. Je n'osais pas approcher. Un sanctuaire, sacré, les odeurs non plus du bois verni à l'encaustique, mais du fer, les vrilles des cordes d'inégales longueurs, le feutre et les formes des petits marteaux de couleur verte, tout cela m'avait transporté dans mon univers. D'ailleurs, la forme des touches ressemble un peu à l'esperluette. J'y ai longtemps réfléchi, un infini contenu, un symbole unique qui correspond à un son que l'on n'enseigne plus, à part, bien à lui, presque magique, comme un talisman. Le piano s'ouvrait à moi et me révélait son intimité dans une communion secrète entre lui et moi parce que « les autres » étaient affairés à voir ce qui clochait chez lui, tandis que rien que pour moi, il avait ouvert sa caverne d'Ali Baba et s'était mis à nu. J'étais transportée chez Fernandel, bien plus chanceuse de mon piano que des richesses de la caverne du film. Viré pour un orgue électronique des années de souffrance 80 et du collège. Quand j'ai demandé à maman pourquoi elle avait revendu le piano, elle m'a répondu qu'elle voulait jouer *avec les pieds, qu'elle aimait que tout son corps soit pris.* J'ai failli lui répondre que Michel Berger jouait du piano debout, donc elle aurait pu s'entraîner sur le clavier, moi j'arrivais à faire des trucs incroyables avec mes « doigts de pieds » (pas des orteils, des doigts !) comme les personnes handicapées qui peignaient... pas besoin de ce machin. Mais je n'ai rien dit, on ne répond pas à maman, on acquiesce, on courbe le dos.

Pour lui faire plaisir, j'ai tenu tout bon et ai accumulé les supplices sensoriels et psychologiques. J'avais mal au ventre quand il fallait jouer devant le professeur à domicile et rendre compte du travail de la semaine. Certes je travaillais ces morceaux très moches consciencieusement (j'ai appris ce mot sur les appréciations de mes bulletins de notes, genre la pauvre gosse, elle fait ce qu'elle peut avec application, elle suit bien ce qu'on lui demande de faire mais ne comprend pas toujours ce qu'on lui demande). Mais quand il fallait jouer devant quiconque, là, tempête en vue. Mon corps ne répondait plus : tremblements, battements dans ma poitrine qui allait exploser, le cœur voulait se faire la belle, maux de tête, envie de vomir, envie de m'enfuir en criant et en pleurant, mains moites, pieds poites (la blague me fait toujours rire), mes mimines tremblaient à l'unisson avec le reste de ma piteuse carcasse.

Mon bourreau de cousine Anne, de neuf mois mon aînée, adorait se donner en spectacle en jouant un morceau de piano à la demande de mon oncle Gilbert :

— *Ânneu... viens jouer un morceau, je te prie.*

La Blonde Parfaite arrivait en chaloupant nonchalamment de la croupe, seins pointés bien en avant, elle au moins *ne marchait pas en se grattant les genoux,* dixit ma mère, et en minaudant, l'air satisfait de l'admiration béate de tous, elle jouait du piano. Maman m'a fait prendre des cours d'orgue, beurk, certes elle a cultivé inconsciemment sa modernité de femme nouvelle génération qui travaillait, celle qui avait refusé de rester mère au foyer et l'orgue, je pense, devait participer à cette émancipation soixante-huitarde. Mais moi pas être dommage colatéral, sauf que si, comme si la torture émotionnelle et physiologique ne me suffisaient pas.

Le jour où il a fallu aller dans le bled d'à côté jouer au spectacle de fin d'année, je leur ai posé un lapin, que dis-je une bourrique entêtée, qui a refusé de grimper les trois marches du côté gauche de la scène, sur laquelle je ne suis jamais montée, même en me tirant par le bras ou la bride symbolique. Le professeur a dû formuler un discours improvisé pour excuser la mule qui refusait devant tous de grimper les trois marches, qui la menaient droit à l'échafaud, comme pour la guillotine. Mon frère a heureusement sauvé l'honneur de la famille ! « *Il est doué en tout ce cochon* » avait coutume de dire papa. Je n'ai plus jamais repris de cours ! Mon problème avec autrui, il y en a beaucoup, c'est que j'accumule en silence et que je finis à un moment par reprendre mon territoire trop longtemps concédé, voire annexé à l'ennemi, qui ignore qui je suis, comment je fonctionne, à quel point j'ai encaissé, je me suis contenue, ai souffert le martyr à tous les étages de mon être et qui *s'étonne* que je pète les plombs ou qu'un jour, je coupe les ponts version rédhibitoire parce qu'ils finissent, ces gens côtoyés de force, parce qu'il faut bien ne pas vivre en ermite, ça se fait pas, surtout quand on est une femme bien élevée, par me *dégoûter* littéralement parlant et que je n'en peux plus physiquement, mentalement ou moralement de leur présence dont j'ai fait le tour. Ils me *gavent* stricto sensu.

Suis-je autiste ?

Chapitre 6
Laissez-moi manger ma banane sur la plage

Je prends régulièrement des fous rires incontrôlables, bien sûr à des moments inappropriés, particulièrement mal venus, encore plus mal perçus. Mes rires font peur aux gens ou bien je fais rire au cinéma les rangs autour ou bien pire, je ne ris pas au même moment que les autres. Ils attirent le doute, la suspicion. Chez les femmes, il ne semble pas socialement accepté, je pense. Ne dit-on pas *Femme qui rit à moitié dans son lit* ? Si le rire est le propre de l'homme, ce n'est pas celui de la femme. On a dit de moi que j'étais une belle femme. Là j'ai de gros doutes puisque je n'ai aucun reflet de moi-même et une piètre opinion de ma petite personne louche qui fait tout de travers. Qu'une « belle femme » rie, c'est le comble du mauvais goût, elle cherchera à « coucher », c'est le proverbe qui le dit ! Sauf que pas du tout. J'ai adopté le sourire comme mode de communication facilitateur d'échanges. Comme j'ai compris qu'il y avait un décalage entre mes intentions, mes petits neurones farceurs, le foisonnement de ma vie intérieure et ce qui était reçu par les autres et leur incompréhension, j'ai adopté le sourire commercial du bon vendeur. Je suis devenue au fil des années, une dealer de glace aux Esquimaux et de sable aux Bédouins.

Dès le début de ma puberté, quand mes premières règles sont apparues, maman m'a interdit d'exploser de rire comme j'en avais envie. J'emploie ce terme à bon escient, « exploser de rire » car il s'agit là pour moi de l'évacuation physique d'un stimulus intellectuel très profond qui a mis ce fichu cerveau en ébullition, de mes petits neurones désobéissants qui se sont entrechoqués provoquant des ondes irrésistibles de plaisir, de jouissance physique et intellectuelle qui provoquent un rire franc, sonore et joyeux qui me ferait battre des mains si je ne me retenais pas. Je l'appelle *mon Lutin intérieur*.

« Si tu veux être une jeune fille classe, cesse ce rire de sac de noix qui tombe du septième étage », disait ma mère. Elle était prête à me retourner une claque pour me calmer tant je lui faisais honte en société ou à table, tant je l'énervais à rire de tout cœur, sans calcul. C'était insupportable pour elle de me voir rire ainsi. Un sac de noix qui tombe du septième étage ? Inutile de détailler ce que cette métaphore engendrait chez moi comme questions auxquelles je n'ai pas trouvé de réponses. C'est pas faute d'avoir essayé… pourquoi des noix conditionnées en sac en toile de jute dans mon esprit, et pourquoi le septième étage alors qu'on montait bien au septième ciel et que le rire me procurait une joie indescriptible ? La noix avait-elle un son différent d'un autre fruit à coque et quel était le malotru qui l'avait balancé de l'immeuble depuis sa fenêtre, c'est dangereux !

Maman avait tout un tas de recommandations pour parfaire mon éducation déjà plus que sévère. Puisque je parle d'orgasme hilarant, elle m'apprit entre autres à manger correctement une banane dès que je fus réglée. J'ignorais pourquoi bien sûr et l'explication ne me fut pas fournie avec le mode d'emploi :

1. Tu prends la banane l'air dégagé sans la regarder.

2. Tu prends un couteau plutôt que de t'acharner sur la petite queue qui résiste (la petite queue qui résiste c'est de moi, j'avoue…)

3. Tu épluches la banane en parlant d'autre chose, c'est très important !

4. Surtout, tu ne croques pas dans la banane avec ta bouche en la tenant pas la main !

Là, grosses questions intérieures ! Mais pourquoi Cheeta dans *Tarzan, le roi de la jungle,* pouvait manger pénarde sa banane comme moi je l'avais toujours fait et plus maintenant ? Je sentais confusément qu'il ne fallait pas que je pose la question et que je laisse Tarzan et

Jane au fond de leur jungle à sauter de liane en liane, je les rejoindrais plus tard.

5. Tu casses chaque petit morceau entre tes deux doigts et tu les introduis par petites bouchées en veillant à mâcher bouche fermée et tu évites les regards si des hommes sont assis à ta table.

Les regards, il fallait s'en méfier, ça, je le savais déjà. Je n'avais aucune idée de ce qu'était une fellation et même très très longtemps après, une fois femme, j'ignorerais ce que c'était.

En parlant de bananes, elles m'ont valu de gros ennuis avec la justice les bougresses. Parler sexualité m'est aussi naturel que de parler de la météo ou des légumes qui poussent dans le potager du voisin. Il n'y a ni honte, ni affect, ni sensations physiologiques ou autres trucs qui seraient malsains chez les autres et que j'ignore. La sexualité/reproduction ont le même statut que la bonne bouffe, c'est un art qui ravit le corps, rien de sale dans la bonne nourriture, non ? Je ne vais pas m'étaler sur le sujet. La Juge des enfants m'a reproché d'être « sans filtre » et cela m'a été expliqué par Wonder Psy. La personne atteinte de TSA ne calcule pas ses émotions, n'a pas conscience de leur gestion en montagnes russes et c'est un vrai problème pour leur entourage car elle-même n'en a pas conscience surtout si elle ignore qu'elle serait atteinte de ce syndrome ! Lorsque mes filles ont eu l'âge de raison, vers huit ou dix ans en gros, elles m'ont posé la question de leur conception, puisqu'elles avaient entendu dire des adultes qu'elles étaient des « fivettes ». À table, cette grande table massive en bois qui nous réunissaient tous à chaque repas, consciencieusement préparé de mes mains, sans produits surgelés ou industriels, je me suis vue expliquer à mes filles, techniquement parlant, comment les enfants étaient conçus, leur mode de conception, et en passant, comment on faisait pour ne pas avoir de bébés, démonstration à la clé. Psy n° 2 de la Mesure Judiciaire, accompagnée de sa fidèle acolyte Assistante sociale n° 3, chargées d'être les « yeux de la Juge » (UEMO pour les amateurs de sigles) pour mener une enquête psychologique et sociale sur le profil familial et ses « dysfonctionnements », ont sauté au plafond lorsque je leur ai expliqué cet épisode. Quel rebut de la société avait pu oser parler reproduction avec ses filles ? J'avais pris soin de montrer un préservatif à table à mes filles et pris une banane pour leur montrer comment le sexe d'un homme fonctionnait en érection, bah oui, à un moment, il ne ressemble pas à celui que l'on peut apercevoir en faisant pipi, debout au passage, le machisme phallocratique commence aux toilettes. Pourquoi les petits mecs n'urineraient-ils pas assis, ainsi, ils en mettraient moins partout, finie la guerre de la lunette des toilettes abaissée qui agresse le postérieur quand on se lève au milieu de la nuit pour se soulager en s'asseyant dans le noir ou la colère qui monte quand mon compagnon ne l'a pas abaissée, j'avoue, ça m'énerve !

Je leur ai expliqué naïvement, techniquement parlant comment elles devraient apprendre à se protéger une fois qu'elles deviendraient grandes, en âge d'avoir des relations sexuelles. Mes filles ont pris en compte les informations et nous sommes passées au dessert, elles avaient eu la réponse à leurs questions et n'étaient pas en âge de se sentir gênées. Je ne me serais pas aventurée à ce genre de détails à la puberté sans leur autorisation ou demande, mais j'estimais qu'enfant, je répondais à leurs questions, qu'il était de mon devoir de les informer vraiment et de ne pas laisser autrui s'en charger. Ce sont mes collègues de SVT, en quatrième, qui se chargent d'informer les adolescents, et à mon avis, c'est bien trop tard car la puberté gâche bien la réception de l'information, les hormones brouillant la donne. Le clitoris, qui fait partie de l'anatomie féminine depuis la nuit des temps et dont Eve a bien été dotée, n'est apparu dans nos manuels scolaires qu'en 2019… bien phallocratique l'explication de la reproduction et le plaisir au placard mais bon, j'ai dit que je ne m'étalerai pas sur le sujet. Je ne suis pas féministe non plus et je n'ai pas d'avis sur les genres ou bien le choix de l'identité sexuelle. On ne s'en prend pas aux enfants et aux personnes non consentantes y compris psychologiquement, c'est tout. Après, chacun voit midi à sa porte. Je ne souhaite pas non plus évoquer mes partenaires ou les abus sexuels dont j'ai été plusieurs fois victime, ce serait trahir des secrets d'alcôve de l'ordre de l'intime et du respect d'autrui. Ce passé douloureux restera pour moi seule. J'ai été victime non consentante plus d'une fois, n'ayant pas eu pendant longtemps de retour de mon corps ou du *savoir-être sexuel.* L'AFFA a mené une enquête fort intéressante sur les abus sexuels commis sur les femmes autistes, et plus de 90 % sont concernées, ce qui ne m'étonne pas. On ne voit pas arriver le loup. Une fois entré dans la bergerie, difficile de le chasser, mieux vaut se laisser faire, penser à autre chose parce que cela risque d'être pire après. C'est horrible d'écrire cela si froidement, mais j'ai bien vécu cela avec plus d'un partenaire et je me demande si ce n'est pas, en fin de compte, le cas de bien des femmes, autistes ou pas. La violence sexuelle n'est pas toujours physique et se joue, au sein des couples sur le psychologique ou le non-consentement tacite. La blague du « j'ai mal à la tête ou j'ai mes règles » n'est pas drôle. Mais je dois certainement me tromper… les femmes doivent être rentables : travailler, puisqu'un salaire ne suffit plus pour vivre, être une super mère comme dans les pubs où l'on met en scène la mère complice pour le goûter, qui a le temps de jouer avec ses gosses, bienveillante, dans une maison impeccablement décorée et propre, naturellement belle et tellement épanouie, qu'à côté, vous passez pour la souillon de service, toujours râleuse, qui se néglige. Une fois la journée de boulot moins payée que celle des hommes (30 %), les courses faites avec des queues interminables et en tête le menu que vous allez faire pour votre famille qui, au lieu de vous demander si vous allez bien vous lance en pleine figure le sempiternel « qu'est-ce qu'on mange ce soir ? t'as pensé à acheter tel truc ? » (oui, vous y avez pensé, mais c'est bien pour cela qu'on vous le demande à vous !), vous vous dites que vos gosses sont des lombrics… pas bien cette pensée… olala, mère indigne ! Nombre de fois je me suis dit, si je m'assieds sur le canapé, je ne pourrai plus m'en relever, je vais rester collée dessus en mode momie et je n'aurai plus la force physique de me relever, je vais m'endormir, après moi le déluge ! Mais c'est pas fini, tu décharges les courses, tu vas en même temps t'assurer que tout roule pour le soir : devoirs, bains, bouffe, prévisions des affaires du lendemain bien rangées, anticipées, lessive, repas, vaisselle, petit déjeuner du lendemain, table déjà prête la veille, coucher et puis…

quoi ? Mais oui, le mari… à son tour ! Le dernier gosse de la famille, avec sa psychologie de nabot rancunier benêt, un mioche dans le corps d'un mâle reproducteur, demande aussi sa part ! Il faut être prête à remplir sa fonction de Super Bombe Sexuelle… sexy à souhait, et faire preuve d'originalité, le réchauffer, n'est guère épanouissant dans le couple, surtout dans notre société où, en un clic, la concurrence fait rage et qu'il faut prendre son pied pour être heureux dans le couple moderne libéré ! Tu crois vraiment qu'après une journée de dingue tu n'as pas envie de piquer un bon gros dodo, dans des pyjamas tout doux, baver sur ton oreiller et péter tranquille dans tes fringues qui t'ont serré et boudiné le bide et la poitrine toute la journée à marcher perchée sur des talons hauts sur la pointe des pieds en faisant gaffe où tu mets les pieds pour ne pas te casser la figure sur les trottoirs ou dans les marches ? Le meilleur moment de la journée c'est quand on va se coucher ! Mais on nous renvoie toujours de la culpabilité à outrance à nous les femmes ; nous ne sommes jamais assez parfaites. Personne ne s'est jamais demandé pourquoi les femmes demandaient le divorce ? Messieurs, passez une journée dans la peau d'une femme, et vous comprendrez que la justice entre les sexes n'existe pas. Salut, Eve !

J'ai été accusée aussi d'être homophobe, ce fut là encore une mascarade ou une pantalonnade dignes d'un vaudeville de fort mauvais goût surtout quand c'est bibi qui portait le chapeau, ou le pantalon, trop virile serais-je ? Chacun fait ce qu'il veut de sa vie intime, du moment que les partenaires sont vraiment consentants, je dis VRAIMENT. Et là, le bât blesse encore chez les femmes trop intelligentes car naïves sur le sujet du sexe. 90 % des femmes Aspies sont victimes de violences sexuelles à cause de leur naïveté. Elles ne comprennent pas toujours les règles implicites de la séduction, leur pouvoir sexuel, et se retrouvent dans de délicates situations desquelles elles ne peuvent pas se sortir et se retrouvent obligées de dire « oui » à une relation non consentie ou bien ne savent pas comment dire non. Elles ne savent pas toujours où peuvent les emmener leurs partenaires et ce qui leur convient ou pas, si bien que tomber dans les excès sexuels non voulus est fréquent. Je reviendrai sommairement sur cette problématique dans mon histoire personnelle, ayant été la victime de prédateurs dans ma vie. Pour une personne neuroatypique, l'acte sexuel ne va pas de soi. Pour toute femme, je ne pense pas que cela aille de soi de toute manière parce que connaître son corps prend du temps, découvrir comment éprouver du plaisir et se faire respecter aussi, tout en ayant à l'esprit qu'une relation se fait à deux (ou pas) et qu'à chaque partenaire, l'histoire s'écrit différemment. Bonjour l'angoisse. J'avais toutes ces problématiques à l'esprit quand j'ai tenté d'appréhender la sexualité avec mes filles et j'avoue avoir été très inquiète du moment de leur puberté, en essayant bien maladroitement de tenter de leur éviter avec les moyens du bord de ne pas essuyer tous les traumatismes que j'avais pu endurer. Peine perdue. L'expérience ne vaut que pour soi. Quelques années après, je mesure à quel point il aurait fallu que je lâche prise avec mes tourments intérieurs, mais c'est difficile et une lutte sauvage s'opère pour protéger ses petites… je n'y suis pas parvenue avec ma fille aînée, ce que je redoutais le plus est arrivé, je n'ai pas réussi à briser cette chaîne de la maltraitance sexuelle.

On laisse le soin de botter en touche hypocritement le rapport au corps en règle générale et la porte est ouverte plus que jamais aux tabous qui débordent sur la toile. Gamine, j'ai découvert un ballon gonflable qui avait un goût horrible quand je l'ai gonflé dans le tiroir de la table de nuit de la chambre de mes parents. Il était collant. Une fois, maman est allée demander des « préservatifs » en pharmacie en parlant tout bas à la pharmacienne qui s'est exécutée en se faufilant tête basse dans l'arrière-boutique, là où sont tous les rayonnages.

J'ai mis du temps à rassembler les pièces du puzzle. Je n'ai posé aucune question aux adultes, je me suis débrouillée seule au moment où le Sida déferlait sur le monde et où nous fûmes la première génération sacrifiée à entrer dans le monde avec cette saloperie qui tuait et qui tue encore, la trithérapie n'est pas la panacée que je sache et on meurt encore des maladies vénériennes.

Notre société est une belle Hypocrite. On laisse les enfants seuls face à un Himalaya d'informations et d'images non décryptées devant lesquelles les adultes les abandonnent sans aucune explication vraie. Ce sera le dernier qui aura parlé qui influencera le jeune inexpérimenté, véritable proie en danger et hélas, je sais ce dont le parle. Pourtant, on leur fait croire qu'ils sont libres et épanouis de faire ce qu'ils veulent, de tout essayer, que le monde est ouvert à portée de clic, mais ils vivent par procuration… mais le vaste monde n'a plus de frontière numérique et personne ne leur apprend le code de survie en milieu hostile, ce qui est plus que jamais anxiogène. Nos enfants sont seuls. La pornographie est en accès libre, les adultes changent de partenaire comme de chemise, comme on irait au supermarché, se posent des questions sur leur identité sexuelle sans vraiment de recul, le corps est soumis au diktat du reflet modifié, on le stylise, on le modifie à coup de bistouri ou d'images de synthèse, on le stigmate, on le tatoue, bref, on le nie dans sa réalité jusqu'à nier sa véritable singularité. Aucun corps ne se ressemble, chaque cicatrice porte une histoire, chaque corps évolue au gré des chapitres des âges de la vie. La perfection ou la beauté sont de pures inventions esthétiques humaines qui varient d'une frontière à l'autre, d'une ethnie à l'autre et d'une époque à l'autre ! Ne venez pas me reprocher ma banane et le courage que j'ai eu de parler vrai à mes filles et à dire les choses du corps sans vulgarité, objectivement, naturellement, sans obscénité. Je ne suis ni perverse, ni manipulatrice, ni tordue Mesdames de la Mesure Judiciaire. En revanche, si j'étais à votre place, je retournerais sur les bancs de la Fac reprendre mes études de base, et je me montrerais un peu plus ouverte et humble quand une personne n'entre pas dans vos petites boîtes isothermes, surtout quand des enfants, que vous êtes censées protéger sont au centre de votre enquête merdique à la Inspecteur Gadget ! Vous êtes des hypocrites, incompétentes, et de véritables dangers en vous immisçant tels des Zorro de pacotille dans des familles qui éduquent leurs enfants en opérant des choix qui leur appartiennent au lieu de les abandonner sur le no man's land sociétal qui va se charger de les happer et de les croquer si leurs parents ne les arment pas pour survivre. Il en va de tous les mammifères, qui protègent leur progéniture. Occupez-vous plutôt des enfants battus, séquestrés, violés pour lesquels les plaintes s'accumulent et laissez de la place dans les foyers aux enfants qui sont réellement en danger. Rendez-vous sur le terrain, celui des familles démunies, mouillez votre chemise, allez au charbon plutôt que de juger de manière partiale avec votre masque d'incompétentes notoires et votre cape de superhéroïne d'une bêtise navrante !

Alors les parents doivent protéger leurs petits au lieu de jouer les hypocrites en refilant le bébé aux autres. Épargnez-moi votre hypocrisie.

Suis-je autiste ?

Chapitre 7
12 millions de fourmis par habitant ?

Voilà quelques semaines que je me suis posé la question du bien-fondé d'écrire et que le syndrome de l'imposteur, petit démon intérieur de chaque Zèbre ou Haut Potentiel Intellectuel, est venu me susurrer à l'oreille en boucle qu'il était indécent de s'étaler ainsi par écrit, que tout le monde s'en foutait de mon insignifiante life et que cette entreprise serait vaine, que je n'en viendrais jamais à bout de toute manière. Après plusieurs heures d'insomnie, fidèle compagne de mes nuits, puisque j'ai un sommeil décalé, je me remets au travail. Il s'agit là en effet, comme toute entreprise à laquelle je m'attelle, de mener un combat à mains nues, un pugilat, entre deux facettes de ma personnalité. L'une est une Wonder Woman labile, souriante, rapide, efficace, enthousiaste qui pourrait abattre des montagnes, gravir un sommet en talons aiguilles (là j'exagère, je suis trop maladroite pour marcher avec ces engins, c'est la gamelle assurée), creuser au canif dans le plus dur des bois, taquinez la métaphore à souhait pour exprimer mon idée : une super Nana qui assure. Mais l'autre, tapie juste derrière la croûte du vernis humide de mes pleurs, est une enfant terrorisée qui a peur sans arrêt de tout. L'enfant sursaute au moindre bruit, alors que personne autour ne bouge, le bruit d'un interrupteur peut me faire sursauter sans que je puisse me contrôler, la lumière jaillit et je plisse les yeux. L'enfant est en hypervigilance, observe tout, cherche à anticiper tout pour moins avoir peur. Peur de quoi donc ? De tout ce que le corps perçoit à fond, des réactions des autres qui entraînent des interprétations sans fin, comme un conducteur qui aurait perdu le signal GPS en rase campagne et ne sait quelle route choisir. Celle qui a peur d'échouer, de faire mal, de gaffer, de n'en faire pas assez car savoir doser est problématique. Où sont les normes acceptables ? Qui les fixe donc ces foutues normes d'abord, que j'aille lui casser la figure ou lui demander le mode d'emploi pour en finir avec ces doutes qui vrillent le ventre. Mon pauvre petit ventre qui me fait souffrir depuis gamine. J'ai fait beaucoup d'examens des intestins et de l'estomac, ai souffert depuis toujours de nausées, d'insomnies, ma pharmacie pleine de médocs à base de plantes pour supporter ces maux quotidiens de jour comme de nuit. Maintenant je parle à ma douleur comme à une personne. Je sais, c'est bête, mais au moins en entamant un dialogue avec elle, je reconnais qu'elle existe, qu'elle fait partie de moi, qu'elle a le droit d'avoir des pics de colère et puis je la remercie quand elle la met en veilleuse. J'ai compris depuis peu que ces douleurs étaient les manifestations d'un corps qui dit à ma tête « stop, là, je n'en peux plus, pose-toi, écoute-moi, écoute-toi, on fait la paix, toi, avec ta volonté de tout vouloir faire, repos please ». Ma tête, ma raison et mon corps doivent apprendre à se respecter les uns et les autres et ce n'est pas valable que pour les personnes atteintes d'un TSA ! C'est l'essence même d'un être en quête d'harmonie et de spiritualité, quand je dis cela, je ne dis rien.

Je suis bénévole à la Croix Rouge Française en tant que secouriste. Pas aussi sexy qu'Adriana Karembeu dans sa jolie combinaison taillée sur mesure, la veinarde, nous sommes sapés comme des sacs dans des tenues criardes et très inconfortables, prêts de tout notre cœur à intervenir sur les manifestations publiques interminables et répondons avec tout notre enthousiasme et bonne volonté aux moindres demandes du public. J'admire les bénévoles, quels qu'ils soient. Ils sont généreux et fournissent un travail en sous-marin sans jamais compter leurs heures, sans la moindre rémunération. On retrouve toujours la même équipe sur le terrain, ceux qui veulent la gloire ou leur photo dans le journal ne font pas long feu et mes co-équipiers sont des personnes d'une générosité incroyable sans le moindre jugement négatif sur les personnes qu'ils prennent en charge, toujours prêts à donner de leur personne.

Lors de la dernière manifestation, nous étions détachés pour commencer à ranger le matériel dans le local et attendions les autres, à deux heures du matin, épuisés après plusieurs jours consécutifs de travail. J'étais assise par terre et mon hypervigilance était retombée. Je fus interpellée par une colonie de fourmis hyperactives qui bossaient comme des malades ! Sans m'en rendre compte, je me suis mise à commenter tout fort ce que j'admirais en temps réel. Jamais je ne me permets un tel risque social, mais, épuisée par le poste de secours, ma vigilance était tombée et je parlais à voix haute. En gros, j'ai décrit le spectacle, mon étonnement de les voir trimer de nuit, me suis posé la question du moment où elles pouvaient bien se reposer et j'ai fini par dire qu'on m'avait dit qu'il y avait 12 millions de fourmis pour un seul habitant de cette terre en me demandant si cette affirmation était plausible. J'ignore combien de temps cela a duré, si j'ai beaucoup parlé, le contenu exact de mes propos car dans ces moments d'interrogation, mon cerveau va à toute vitesse et dans tous les sens et je vois encore ces fourmis dans mon cerveau et je pourrais les détailler, mais ce dont je me souviens très bien, c'est la tête de mon chef d'intervention quand j'ai relevé la tête :

— T'es folle toi ! À deux heures du mat, t'as ça dans la tête ? T'es complètement barrée, j'ai jamais vu ça !

Il est infirmier aux urgences, jeune papa, très drôle et cool en règle générale mais je me souviendrai toute ma vie de son regard effaré, de ses yeux bleus ronds et de la volte-face qu'il a faite pour partir à l'autre bout du hangar, accablé par ce que j'avais dit. Ce fut un moment magique pour moi car mon voisin de gauche n'a rien dit, médusé lui aussi, et j'ai brusquement pris conscience en direct que mon Lutin farceur intérieur venait de s'échapper un instant de sa prison pour entrer en communication avec le monde, sans tambouriner à la porte de ma raison et sans me demander la moindre autorisation socialement convenue. Le doigt d'honneur du Lutin farceur ! J'ai ressenti ma différence avec une grande joie intérieure sans en souffrir, en étant pleinement consciente et heureuse de mon potentiel, de mon don à observer et à ressentir la plus infime des particules de mon quotidien, pour la première fois de ma vie, heureuse d'être différente pleinement, parce que je savais maintenant que j'étais zèbre. Et j'ai eu une réaction irrépressible, un fou rire, qui a duré pendant une demi-heure. J'ai nettoyé l'ambulance, ai fait toutes les tâches ingrates de rangement en riant, avec un rire communicatif qui a gagné la plupart de mes co-équipiers lessivés, qui se demandaient d'où venait ma si bonne humeur. Pour la première fois de ma vie, j'ai aimé ma différence neuronale, moi qui ai subi les pires humiliations d'une mère qui s'est vue retirer ses enfants parce qu'elle ne rentrait pas dans les bonnes cases, moi que les autres mères regardent de travers parce que ses enfants, si parfaites, si gentilles, sont placées en foyer, sous la protection de l'État, puisque je ne fais pas les bonnes choses… je crois que je me suis aimée pour une fois dans cette différence de perception du monde qui m'entourait. Merci petites fourmis. Est-ce cela l'autisme ? Est-ce un don ? Pouvoir percevoir ce que les autres ne voient pas, ce dont ils n'ont même pas conscience ? Le pouvoir de s'émerveiller de la moindre chose, de contempler, de relier les éléments entre eux, de capter l'insondable ? Je *ressens* encore le reflet de la carapace noire d'une fourmi dans la lumière du hangar, tout comme le délicat toucher du velours des ailes du papillon de nuit qui vient de se poser sur ma main au moment où je saisis sur le clavier de mon ordinateur.

La souffrance d'autrui m'est insupportable et celle des animaux me bouleverse tout particulièrement. Je me suis souvent sentie de trop dans ce monde, inutile, pas à sa place, un monstre, une erreur de la nature. Dieu avait dû se planter de dossier, avait mélangé ses fioles, bref, il y avait eu erreur dans mon cas. Je n'aurais jamais dû venir au monde et ce ressenti se manifeste dans mon rapport à la nourriture et aux animaux. Je réfléchis toujours aux conséquences de mes actes sur la planète, en me culpabilisant de faire mal à l'écosystème, moi, en haut de la chaîne alimentaire. Faire mes courses est devenu très anxiogène. Je me nourris pour prendre soin de mon corps, mais je mange une partie du monde et je puise dans les réserves de la nature qui ne sont ni infinies ni éternelles ! Me dire que je ne suis pas la seule ne me rassure aucunement. Alors j'essaie d'apporter ma modeste contribution à réparer l'erreur de mon existence dès que je le peux. L'enfant que j'étais avait pour habitude, du fond de sa solitude, de sauver les mouches, les escargots, le moindre insecte. Je ne savais pas ce qu'était l'écosystème dans les années 70, mais je voyais bien que les abeilles allaient de fleur en fleur et j'étais fascinée par le talent des araignées à tisser leur toile, ou par l'habileté de la guêpe à déchiqueter avec ses mandibules, le gras laissé sur le bord de mon assiette. Petite fille solitaire, les insectes étaient mes compagnons de jeu et d'observation des heures durant, sans jamais me lasser. Je ne comprenais pas pourquoi certains insectes noirs et rouges avaient deux tête-bêche et je me demandais lequel de ces siamois décidait où aller et s'ils se disputaient souvent. J'étais loin de comprendre qu'il s'agissait d'un accouplement. Je pensais qu'ils étaient mal formés et qu'ils avaient besoin que je les aime plus fort encore. Les *pince-oreilles* me fichaient une trouille du diable à cause de leur nom. Qui les avait surnommés ainsi ? Ils s'attaqueraient à mes oreilles si je les approchais de trop près ? Quelle force herculéenne avaient-ils au juste ? Je chantais la chanson des coccinelles demoiselles bêtes à bon Dieu en les promenant sur mes mains. Les maisons à insectes sont à mes yeux de petits palais et une bien belle invention. Je ne tue jamais une araignée chez moi et laisse les toiles jusqu'à ce qu'elles prennent la poussière. Après, je les enlève puisque si je les vois, les autres insectes aussi. J'avoue quand même que j'ai en horreur les mouches, même si les mouches bleues sont absolument superbes avec leur abdomen vert bleuté. Les vers qu'elles pondent et le bruit qu'elles produisent en arrivant en colonie me terrifie. J'ai observé pendant des heures les rubans gluants qui pendaient du plafond chez ma tante à la campagne. Les mouches se léchaient une patte et la reposaient ensuite, c'était sans fin. Je les ai observées en train de nettoyer leurs yeux, passer leurs pattes sous leurs ailes. Tout un cérémoniel mais leur vrombissement me demeure toujours aussi problématique car trop aigu et douloureux. Qui dit mouche dit cadavre quelque part… Bon, stupide petite fille, j'avoue avoir sauvé *Mouchette*, une mouche estropiée, amputée d'une aile et tenté de la nourrir à coup de sucre volé dans le placard de ma grand-mère. La petite fille solitaire avait au moins une amie.

Quand mes filles ont été placées, j'ai pilé en apercevant au volant de ma voiture un bébé hérisson dans le caniveau. Accident assuré, je m'en foutais. Il fallait que je sauve cet animal abandonné, malade. Il était grouillant de vers. Je l'ai maintenu en vie une semaine entière, l'ai emmené au boulot avec moi, il est mort dans ma main au milieu de la nuit, Hector. Je me suis levée, et je suis allée l'enterrer immédiatement dans le jardin en pleurant. Même lui, je n'étais pas parvenue à le sauver, comme pour mes filles. Quelle nulle j'étais, seule dans ma grande maison, sans mes enfants placées en foyer à pleurer Hector, victime innocente d'un monde cruel et injuste où le faible n'a aucune chance de survie et à qui personne ne tend de main secourable.

Je m'amusais enfant aussi à sauver les bêtes de la noyade. J'avoue l'avoir encore fait dans la piscine extérieure de mon camp de camping le mois dernier, mais j'ai perdu la main. La guêpe sauvée in extremis en a profité pour me piquer le doigt… je sauve toutes les bêtes, y compris les hérissons, les chats faméliques puants et baveux ; je me ruine en véto. Je ne mange ni agneau ni veau ni petite bête qui n'a pas eu le temps de vivre sa vie entièrement, rarement de la viande en fait. J'essaie d'être logique et responsable sans devenir une hystérique non plus sinon ma vie tournerait au cauchemar. J'ai suffisamment de soucis avec le genre humain et mes intestins qui supportent mal certains féculents ! Regarder les infos anxiogènes m'est devenu intolérable. Je m'inquiète tout le temps pour la nature, les forêts, les animaux, les Humains et les conséquences de mes actes sur le monde. Bien que positive dans mon travail, ayant presque toujours une solution à proposer à autrui, je demeure profondément inquiète des conséquences de nos actes et du devenir de notre planète. Je ne comprends pas pourquoi on s'ingénie à aller explorer l'autre bout de l'univers, y faire du tourisme alors qu'on devrait au contraire s'occuper du dérèglement climatique, de l'injustice entre les pays exploités, de la surconsommation, du manque d'eau, plutôt que d'aller coloniser un ailleurs ! Les dystopies me fichent une trouille du diable car je crois sincèrement qu'elles finissent toujours par se réaliser. On dirait que certains écrivains sont des prophètes et qu'ils prêchent dans le désert ! Ce n'est pas de l'autisme, c'est du bon sens paysan, des paysans qui disparaissent les uns après les autres. Qui va nous nourrir ? Qu'y a-t-il de plus précieux que l'eau et le pain ?

Est-ce cela être autiste ? Tout le monde devrait l'être alors…

Chapitre 8
La Bible illustrée

Arrive le moment d'entrer dans le noyau dur, au cœur de ce qui blesse, les origines de mon insignifiante existence. Sans se caresser le nombril, avec pudeur et prudence, avec la peur et la honte de blesser ceux qui nous ont donné le jour, tenter de s'extraire de la chaîne des femmes maudites, victimes de l'Histoire et des souffrances qui se sont reportées de génération en génération, sans que personne n'en mesure vraiment la portée. Les soldats, depuis la nuit des temps, violent les femmes, pour laisser au plus profond d'elles-mêmes la trace de leur domination et le statut de leur soumission à l'envahisseur ponctuel qui a un jour franchi une frontière arbitraire par obéissance à un fou qui les gouvernait. Le viol est une arme de destruction massive qui se reporte sur plusieurs générations, causant un traumatisme physique, psychologique et une culpabilité générationnelle qui se perpétuera. Il en va de même pour les avortements auxquels certaines femmes repensent à chaque anniversaire ou pas, les enfants mort-nés dont on ne faisait pas jadis le deuil, puisque les fœtus n'étaient pas de vraies petites personnes pendant très longtemps et que la souffrance d'une jeune femme d'une petite vingtaine d'années n'avait pas droit à la plainte ou au deuil. Je parle de ma mère et de ma grand-mère. Des femmes remarquables, courageuses, dures, rigides et nobles dans leurs souffrances, qui se sont renfermées sur elles-mêmes. Inatteignables dans leurs souffrances intolérables, qu'elles n'ont pas eu le droit ou le courage de regarder en face, soit à cause de l'histoire de la psychologie, vue par ces générations antérieures comme réservées aux fous ou aux faibles ou bien par orgueil. Les femmes de cette génération ont du mal à consulter un psychologue et réaliser des travaux de remise en question sur elles-mêmes n'est pas dans leurs réflexes naturels au contraire des générations suivantes. J'ajoute de plus que le prix des séances d'une consultation en psychologie d'une soixantaine d'euros est un budget réservé à un public restreint, les centres de consultation gratuite étant, bien entendu bondés.

J'ai perdu ma grand-mère à l'adolescence dans de tragiques conditions. Elle est décédée seule, puisqu'elle avait choisi de vivre seule dans une ancienne gare restaurée, à l'écart d'un minuscule village jurassien. Seule, elle aimait s'isoler, quelquefois coupée du monde pendant les longs hivers rigoureux. Elle fendait son bois elle-même, cultivait ses légumes, vivait en osmose avec la nature bien qu'ancienne banlieusarde parisienne avec un chien qui était censé la protéger des personnes malveillantes. Ce mâle dominant eut raison de son autorité puisqu'un jour, mon oncle qui vivait dans le village et ne montait jamais lui rendre visite fut averti par les paysans que le chien avait hurlé à la mort toute la nuit et que quelque chose d'anormal avait dû se produire. Quand il se rendit chez elle, il la découvrit égorgée. Une fois l'autopsie réalisée, l'hypothèse du crime crapuleux fut écartée ; c'était le chien redevenu chef de meute, qui avait fini par dominer ma grand-mère et s'en prendre à elle. Le choc fut immense, tout comme le traumatisme. Je ne garde d'elle qu'une lettre et ses bijoux, précieusement. Elle aimait écrire et j'ai commencé à m'exercer sur sa vieille machine à écrire qui pesait très lourd et n'ai découvert les livres que sur ses étagères. Cette grosse machine à écrire à ruban était une torture pour mes doigts frêles qui passaient entre les touches. Il fallait user d'une force titanesque pour taper un texte et rien ne s'effaçait. La moindre « faute » était indélébile, donc doublement culpabilisante, chaque frappe avait ses conséquences, il fallait réfléchir et viser juste ! Mes parents n'avaient aucun livre quand j'étais enfant si ce n'est la Bible et ma Bible illustrée pour enfants, que je passais des heures à regarder. Ma première bibliothèque fut constituée par les livres achetés pour mes cours que le professeur nous obligeait à lire et la bibliothèque municipale. Je me suis constitué ma propre bibliothèque au fil de mes études et de ma curiosité intellectuelle. Je n'aime pas les collectionner ou les ranger sur des étagères ; je n'aime pas étaler le produit de mes réflexions intellectuelles sur des étagères parce que c'est comme si elles se figeaient sur place. Honnêtement, qui ouvre régulièrement ses livres placés sur ses étagères ? Les livres, je les corne, les annote, les maltraite et les abandonne sur un banc ou dans des boîtes à partage ou bien je les donne. Je refuse de les thésauriser. Ils sont vivants, objets de poche, vivent et voyagent de mains en mains. Les feuillets bible sont des hérésies pour riches et pour les collectionneurs qui les manipulent comme des objets sacrés et précieux certes, je le comprends, mais en réalité, pour moi, ils sont mes meilleurs potes à qui je tape dans le dos et que je n'hésite pas à tordre dans tous les sens, comme un fruit bien mûr dont j'extrais le jus après avoir coupé et écrasé toute la pulpe de l'agrume ! On n'en perd pas une pulpe ou la moindre goutte. Objet de dissection et d'annotations anatomiques, venez mes mignons que je vous dissèque… je viens récemment de tous les donner à Emmaüs pour me délester du poids de la possession et me dépouiller de choses du passé parce que j'ai besoin de nettoyer ma vie et de passer le relais.

La Bible illustrée de mon enfance fut un puits sans fin de voyage en Extrême-Orient. J'avais aussi un autre livre, *La Princesse Myriam*. Je pensais qu'il s'agissait de l'histoire secrète de ma mère, puisqu'elle porte se prénom. On m'avait donc caché ses origines ? Pourquoi ? Mon père était-il vraiment le mien car dans cette histoire dont je ne pouvais connaître le sens puisque je ne savais pas lire, les illustrations montraient une femme dans le désert. Or, comble du hasard, ma grand-mère avait une fascination pour les objets du Maghreb et possédait des trésors comme des faldistoires incrustés de nacre, des coffrets, des tableaux, des roses des sables, des bijoux rapportés par mon parrain qui avait combattu en Algérie. Tout cela ne pouvait qu'alimenter ma solitude peuplée d'histoires romanesques sur mes origines et sur les secrets de familles que j'espionnais puisque je ne parlais pas, dans mon coin, toute seule, les sens aux aguets.

Je connaissais les histoires de la Bible puisque j'allais à la messe sans en perdre une miette, au théâtre, curé en scène, et que les illustrations de cette Bible me causaient des questions métaphysiques. Par exemple, je ne comprenais pas pourquoi le Jésus de mon livre était blond ! Sur tous les crucifix que je scrutais, le nez en l'air, et tous les menus détails qui m'envahissaient dans les églises et durant les cérémonies interminables auxquelles j'étais contrainte d'assister, le Christ était nu et brun ! Il y avait erreur sur la personne. Et le diable ? Où était-il caché dans les églises ? Dans mon livre, il sautait d'un rocher, avec ses pieds cornus, ses cornes, tout rouge sang, l'air hilare lors de la tentation au désert. Sa cape volait dans les airs, comme Spiderman ou Superman, et Jésus, les bras au ciel, implorait Dieu. Cette page interdite nous causait une peur « du diable » avec mon frère. On criait d'effroi quand on arrivait à cette page, en la regardant à peine, ou presque, comme le fruit défendu, mais mués par la curiosité de voir le diable en personne, puisqu'il nous fascinait tout de même le bougre. Je pourrais encore le dessiner dans les moindres détails, avec son faciès de Joker, son nez aquilin, son sourire de masque vénitien, et presque l'entendre pousser son rire sardonique. Aucun adulte ne m'a prise sur ses genoux pour me lire des histoires, en revanche, les femmes de ma vie, grand-mère maternelle et mère, restaient à côté de moi pour que je dise ma prière le soir.

À la messe, j'assistais à un véritable spectacle. Les nouvelles générations ne fréquentent plus ces endroits qui sont des mouroirs plus qu'autre chose et c'est dommage car ils valaient leur pesant d'arachides. Il faisait toujours froid ou frais dans les églises. Devise sacrée : protéger son nez, ses mains et surtout ses pieds du froid de la pierre toujours humide, surtout à Pâques, même si le printemps montre le bout de son nez, c'est un traître, il fait un froid du diable à cette période de la nuit pascale, et les cérémonies sont interminables avec le chemin de croix, ses étapes, comme dans le tour de France. Il y a des cols, des montées, des haltes, c'est très physique et il faut avoir de l'endurance et de l'entraînement. À chaque religion ses rituels. J'ai baigné dans ce milieu comme une griotte dans son jus, y ai macéré pendant des années et y travaille encore de plus ou moins près. Je le connais par cœur, ce milieu, et j'ai du mal à ne pas l'avoir en horreur, bien que je respecte les croyants de tout bord et ceux qui ne le sont pas. Dans les églises il y a des odeurs bien singulières et un froid très particulier. L'odeur des chaises en paille, du bois verni, de l'encens refroidi tel un tabac âcre et l'humidité de la pierre, qui exhale un parfum à aucun autre semblable. Des générations se sont mariées, enterrées, au fil des rituels de l'année. Les statues ont écouté les supplications, les pleurs, les colères, les confessions, les commérages, les ronflements, les distractions de la pensée qui divague par ennui et ont aussi entendu la semelle déchirée de ma chaussure singer les sermons du prêtre en mode marionnette. Hilarant.

J'adorais observer les coiffures, les tenues endimanchées des dames, flairer leurs odeurs respectives, guetter leurs mimiques et attendre avec anxiété « la paix du Christ » qui m'obligeait à serrer la pince à de parfaits inconnus à l'air sévère qui venaient de recevoir le montant de leur feuille d'impôts ou une grosse facture à payer. Pourquoi avaient-ils l'air si sévères alors que Dieu est amour ? Mystère. Ils avaient aussi un air très méchant envers les enfants que nous étions… ils faisaient peur. Heureusement qu'il y avait le spectacle du prêtre, ses costumes, les fausses notes de l'organiste ou de la meneuse de chants, les voix qui chevrotaient et qui me faisaient éclater de rire et surtout, les traces du passé sur les murs et celles des chauves-souris qui se cachaient de nous tous, mais étaient bel et bien présentes. Une trace animale bienveillante, voire une hirondelle et son nid me rassurait et mon imagination allait bon train. Je connais bien les textes, les psaumes, les chants de ce passé et ces traditions m'amusent autant qu'elles me laissent une griffure dans l'âme et le corps. J'appartiens à la génération sacrifiée des X, l'entre-deux silencieuse, montrée du doigt, entre ceux qui ont tout obtenu, les boomeurs, et ceux qui revendiquent tout sans aucune limite, les jeunes trentenaires et leurs suivants, n'ayant connu que le numérique et rien d'autre. Je sais vivre sans mon smartphone, m'orienter avec une carte routière et me contenter de peu, mais je manipule aussi les outils dont notre monde s'entoure en ayant pleinement conscience qu'il asservit l'Humain et le coupe de son semblable en lui faisant croire en une fausse communication et une fausse ouverture sur le monde puisque nos centres d'intérêt, nos moindres données sont passées au crible pour être mieux dirigées, restreintes et orientées. Serait-ce la liberté intellectuelle ?

Ma vie fut rythmée par le calendrier religieux ainsi que mon relationnel à autrui, qui fit de moi une victime idéale, bourrée, truffée, gavée, de culpabilité muée par une volonté d'aller de l'avant pour me *purifier*, me dépasser sans jamais oser me plaindre, en serrant des dents, crispée, et en me reprochant de ne pas être assez parfaite ou trop orgueilleuse. Le cocktail parfait de la gamine formatée en proie à une profonde mésestime d'elle-même en devenir, à la dévalorisation systématique et à l'omnipotence du mâle dominant qui, lui, pouvait tout se permettre, puisque les femmes étaient soumises depuis Eve, salut à toi la Bougresse du chapitre 1, comme on se retrouve !

Ma grand-mère fut l'instigatrice, mon initiatrice à l'écriture puisqu'elle écrivait de petites nouvelles dont *Histoire d'une maman Chimpanzé*, que je ne lus jamais au passage. Je me demandais ce que ce *chien* avait de *panzé*, et à quoi pouvait-il bien ressembler ce *chienpanzé*... pas la peine de mettre le nez dedans puisque c'était une créature fabuleuse qui avait dû donner naissance à une portée de chiots louches qui m'auraient effrayée. Quant à moi, je gardais le nez dans la Comtesse d'Aulnois, son Oiseau Bleu, et je cheminais avec le Bon Petit Diable ou bien je partageais les Malheurs de Sophie avec la Comtesse de Ségur. En ce temps-là, je lisais encore et encore les mêmes livres avec délectation sans me lasser le moins du monde. Puisque condamnée à la solitude avec mes pairs, je ne me sentais plus seule avec les personnages et la nature.

Ma grand-mère, fière de sa prose, l'avait donnée à lire à un ami prêtre et à ma cousine Âanneu, la parfaite peste. La pauvre auteure sténodactylo s'était vue corriger ses fautes d'orthographe et de syntaxe par le curé de famille sourd comme un pot. Il lui renvoyait systématiquement aussi les lettres qu'elle lui écrivait, corrigées, vraiment charmant le serviteur de Dieu… le type avait été muté dans une commune communiste de Seine Saint-Denis où il ne pouvait rien entreprendre, muselé. Ce vieux curé était attitré à la famille. C'était un homme très étrange. Un peu comme le Professeur Tournesol, il connaissait tout sur tout, était un sportif accompli, raide comme un général d'infanterie, avec un humour décalé. Il parlait très fort dans un langage d'adulte, ne connaissait pas la diplomatie mais était un fidèle serviteur de Dieu. À bien y réfléchir, je pense qu'il devait être autiste savant. Il avait été puni par son évêché et mis au placard chez les *Cocos* où le maire lui en faisait voir de toutes les couleurs, en moins marrant que Pepone et Don Camillo, qui me faisaient hurler le rire à la télé. Lui semblait nager au-dessus de la masse, « Il est libre Max », avec un sens de l'honneur à la Don Diègue dans *Le Cid* de Corneille, insensible, à qui toute la famille vouait un respect sacré. Il fallait marcher sur la pointe des pieds quand on entrait dans une église, chuchoter, on ne sait jamais, au cas où Dieu entendrait ma présence et ne m'autorisait à lui parler que sous la forme de prières ou de chants plus moches les uns que les autres, surtout quand les vieilles chevrotaient « plus près de toi mon Dieu ». J'espérais secrètement, compatissante, que Dieu était sourd comme le curé familial, ou très indulgent, car moi à sa place, je me serais barrée en courant. Je me souviens qu'on nous traînait à l'église tous les dimanches matin et que mamie arrivait systématiquement en retard, tenait absolument à aller devant, ce qui me fichait une honte profonde. J'avais essayé d'avancer les aiguilles du coucou, mais j'avais oublié sa montre ! Elle ne regardait que cette dernière, quelle cloche ! Je n'ai jamais pensé à cette fichue montre. Ma grand-mère adorait se pomponner comme une ado de base. Elle adorait séduire, aguicher les petits vieux quand elle filait au volant de sa Renault cinq blanche en criant dans les virages « AAAAttachez vos ceintures ! ». Nous étions deux sur le siège avant, pas attachés, ou à l'arrière avec le gros chien baveux, sièges arrière rabattus. Elle priait sa médaille de Saint-Christophe à chaque voyage, je peux vous certifier que ce saint est un brave type, qui a rudement bien fait son job car nous n'avons jamais eu d'accident grave ! Elle accélérait dans les virages et ignorait la technique des démarrages en côte. Un jour, elle a emporté quatre ou cinq piquets d'un champ car le chien avait bavé sur le pain à peine acheté, ce qui avait dégoûté mon frère assis sur le siège avant avec moi. Par réflexe, il avait brusquement bougé et envoyé le pain dans le visage de Lucienne qui avait fait une embardée sur le côté droit. Rien de grave, le paysan prévenu avait replanté ses piquets, elle était connue comme le loup blanc la coquette. Quelques années plus tard, c'est dans le cimetière de l'autre côté du champ qu'elle reposerait, tous ses prétendants chialant comme des gosses, morve au nez. Elle avait toujours refusé leurs avances et le moindre remariage. Elle en avait bavé avec son mari qui l'avait battue et abandonnée et avait élevé seule sa ribambelle de gamins auxquels elle avait tout sacrifié mais qui ne le lui rendraient guère plus tard. Elle pouvait seulement compter sur sa fille qu'elle maltraitait verbalement en préférant ses fils et leurs chiasses de belles filles, toutes plus méchantes et médisantes les unes que les autres qui furent mes premières harceleuses avec cousins et cousines.

La coquette nous obligeait aussi à insulter le maire du village comme elle le faisait à cause d'histoires de politique familiales auxquelles je ne comprenais rien, mais je devais obéir. À chaque fois qu'elle passait devant un miroir, elle refaisait ses bouclettes et se colorait elle-même les cheveux. Pas fameux le résultat, les reflets me fascinaient : couleur queue de vache à un violacé des plus singuliers, je passais des heures à me poser des questions sur ces expériences capillaires à tel point que jamais je n'ai osé me teindre moi-même les cheveux. Je laisse faire les coiffeuses. Je me souviens des moindres détails de sa salle de bain, grand luxe pour l'époque des années 70. Double vasque, énorme baignoire couleur jade avec un pommeau de douche de star, et un miroir démesuré qui couvrait tout un pan du mur. De sa baignoire, parée de carreaux de verre d'un côté, elle pouvait contempler de son autre fenêtre la nature. Le top luxe pour l'époque. Pour mon frangin, cette baignoire était un lieu de supplice digne des tortures de la Gestapo. Heureusement qu'elle vivait en rase campagne à l'écart du village au milieu des champs. Quand nous rentrions de la ferme après avoir pataugé dans les étables, les granges, les champs, crottés, elle nous faisait macérer tous les deux dans le bain. Quand arrivait l'heure du lavage de tignasse, elle prenait le savon de Marseille, frottait fermement le bloc à peine mouillé sur le crâne. Les yeux piquaient. En bonne sœur aînée, je souffrais en silence en retenant ma respiration, sublime apnéiste stoïque. Puisque l'eau était mon élément et mon amie, je n'avais pas peur de l'apnée et j'aimais le ruissellement du pommeau de star. Mais pour mon frère, ce n'était pas la même histoire. Sous mes yeux médusés, il hurlait comme un goret que l'on attrape pour l'éventrer. Le petit chouchou de ces dames s'égosillait et j'avoue que ces scènes me laissaient sans voix. Je n'avais aucune compassion pour tant de cris, d'époumonages outranciers et j'attendais la fin du spectacle du geignard professionnel, qui de toute manière obtiendrait après toutes les faveurs de sa cour de femmes. Moi je me taisais, même si cela me brûlait les yeux et le nez, je savais intellectuellement que l'eau était mon amie et on m'avait inculqué de ne jamais me plaindre. Ma grand-mère Lucienne ou Elisa, mystère sur le prénom qu'elle préférait, encore un mystère familial, se maquillait soigneusement et faisait déborder son mascara, avait la peau grasse parsemée de points noirs bien replets que j'adorais presser entre mes pouces avec délectation. Ils suintaient comme des petits vers blancs grassouillets qui s'extraient en se tortillant de leur pore ou terrier. Je me tartine peu la tronche avec une sainte horreur pour le fond de teint qui me donne un teint de cadavre non naturel. J'observe souvent des femmes qui sont obligées de se démaquiller au Karscher et le fond de teint qui s'incruste dans les ridules de leurs yeux me laisse perplexe. Je suis fascinée par la science du maquillage cache-misère, poudre aux yeux, qui triche avec le naturel du corps. Adepte du naturisme, je ne comprends pas le jeu de séduction des jeunes femmes avec des maillots strings ou bien qui sont tellement lardées de ficelles qu'elles ressemblent plus à un saucisson qu'à des nageuses. Les ficelles blessent le corps et les bretelles des maillots acryliques qui vous ventousent littéralement le tronc, cisaillent les épaules, tirent sur l'aine, sont une torture pour moi. Je nage beaucoup et si j'avais une baguette magique, ce serait d'obtenir des créneaux pour naturistes dans des piscines municipales sans se faire taxer de perverse sexuelle. Juste de sportive qui déteste ce maillot qui m'arrache des sensations proches de la torture. Idem pour les sous-vêtements « affriolants ». Se ruiner pour exciter un partenaire qui arrache tout vite fait et se mettre en scène, non, là, au-dessus de mes forces passé la cinquantaine. Mon gars, si tu n'aimes pas mon corps au naturel, va voir ailleurs, les femmes finissent toujours par tricher avec leur couenne pour cacher la misère, ce qui ne se fait pas dans les camps naturistes. Du vrai, du naturel. Qui sont les pervers et les menteurs ? Le rapport au corps et à la nudité est à son sens culturel, variant d'un pays à l'autre, d'un continent à l'autre. En Indonésie, chaque membre de la famille apprend à masser l'autre d'une génération à l'autre. Le toucher est inscrit dans l'héritage culturel et socialement ancré comme naturel. Le corps nu est dans la Genèse symbole de pureté : Adam et Eve sont nus et protégés dans le jardin d'Eden et n'ont pas peur du regard de Dieu. Mais quand ils ont commis le péché originel et fauté en pactisant avec le Serpent, en goûtant l'arbre de la connaissance, leur corps est devenu « sale » quelque part puisqu'ils ont eu besoin de recouvrir leur anatomie de feuilles et ont eu honte de leur corps devant Dieu. Avec humour, j'ajoute que c'est à ce moment-là qu'il a eu la puce à l'oreille en les voyant habillés ! Comme si Dieu ne voyait pas tout et qu'il avait besoin d'indices pour découvrir qu'Eve avait fichu sa création par terre, trop curieuse de savoir, de se laisser tenter, et de subvertir son crétin d'Adam, les Hommes se laissant mener par tous les bouts qui soient. J'ai toujours trouvé ce passage très drôle. D'ailleurs gamine, je me disais qu'en me cachant sous les couvertures du lit parental, Dieu ne pourrait jamais me voir ; j'avais six ans et ce passage m'avait interpelée à cette époque, précocité ? La nudité est un sujet tabou en France et taxée de perversité à tort par ceux qui ne la pratiquent pas sainement. Hollandais, Allemands sont parfaitement à l'aise avec ce corps et la femme n'a pas honte de le montrer au naturel, sans artifice. On ne le voit plus nu une fois dénudé, ce qui peut paraître paradoxal à des gens qui se cachent ou qui sont pervers en-deçà des apparences.

Les personnes, politiquement correctes, entravent, jugent, maltraitent parce qu'elles sont obtuses, coincées et refusent d'ouvrir leur corps, leur intelligence, leur esprit au-delà de leurs habitudes et leurs confortables statuts de neuro-pensants froids et rigides. Qui ne pense pas comme eux a tort et *faute* :-retour à la case départ du péché originel, peau de bête, feuillage en prime, le début de l'industrie de la mode et tout ce qu'elle peut engendrer de complexes, d'injustices, de mal-être et de pollution, mais je m'égare… cette fichue intelligence en arborescence me fait divaguer.

Je coupai définitivement avec cette famille à l'âge de 25 ans pour ne plus jamais les revoir, mettant définitivement un terme à leurs humiliations depuis ma naissance où je n'avais même pas le droit d'être une fille, puisque seul mon oncle Gilbert pouvait concevoir une fille, qu'il avait été le premier de la famille, neuf mois plus tôt à donner une héritière femelle à la génération suivante, et moi je ne pouvais pas être reconnue en tant que telle, fille de ma mère, celle qui avait été considérée comme la ratée, la boniche, qui obéissait en tout à ses frères, belles-sœurs et surtout à sa mère et qui me contraindrait à faire de même, ou presque, parce que je ne rentrerais pas dans le moule… autisme ou résilience ?

Chapitre 9
Sacré Charlemagne

En effet, je ne fus pas longue à me sentir différente des gens qui peuplaient mon quotidien, que ce fut au sein de ma propre famille qu'à l'école. Cette différence invisible, je la compris dès mon entrée en maternelle. Mes premiers souvenirs se sont effacés mais me furent racontés par ma mère. Je vécus cette séparation comme une profonde déchirure. J'ai toujours tenté désespérément de me montrer à la hauteur des attentes parentales et sociétales parce que je n'avais pas été *prévue au programme*. Sans le vouloir et en plaisantant souvent, mes parents m'ont souvent dit que j'étais *un sale morpion.* Au départ, je pensais que c'était un petit terme affectueux. Je m'amusais souvent à répéter des mots en boucle jusqu'à l'absurde, soit en marmonnant, m'amusant ainsi de l'absurde de leurs sonorités puisque répétés à la queue leu leu, j'avais le pouvoir de les pulvériser, ou bien en les laissant vivre dans ma tête où ils se répercutaient avec des couleurs et des saveurs, comme les échos d'une montagne où seule j'avais le droit de vivre, telle *le Migou* dans *Tintin au Tibet*. Une fois j'osai demander la signification de ce mot affectueux. On me l'apprit : un parasite qui s'accroche aux parties intimes, aux testicules, comme des poux, mais quand les hommes ne se lavent pas. J'étais donc un parasite ? Un parasite intime, qu'on cache et sale ? Les femmes avaient-elles aussi des morpions ? Sur le coup, je suis restée sans voix ; c'était un petit terme si mignon, il y avait dû avoir une erreur, mes parents ne se rendaient pas compte ; je refusai d'y croire, je laissai cela de côté. Et puis il y eut d'autres sobriquets : *Dober, Dracu, le Thon, Face de groin* pour les surnoms familiaux. Le seul gentil fut *Pupuce* : on passa du morpion à la puce, du progrès, que je haïssais encore plus car en fait, au départ, mon petit frère de deux ans mon cadet, le prodige de la famille avait décidé que c'était *Pupute*, mais là, en public, impossible, surtout pour des cathos. Je me rebellai à l'âge adulte, après la trentaine pour que l'on ne m'appelât pas « Tata Pupuce » et ce fût un crime de lèse-majesté envers le Génie de la famille, père de famille bien comme il faut. Je ne cédai point, fût-ce le début de mon émancipation ?

Je fus en effet un morpion en bonne et due forme qui avait décidé de survivre malgré tout.

Maman avait perdu in utero un garçon qu'elle avait prénommé Gabriel. À cette époque, personne ne se souciait des fausses-couches. Ma grand-mère et elle recueillirent le fœtus dans la cuvette des toilettes et l'enterrèrent entre elles sans que mon père ne manifestât plus de peine que cela, c'est du moins ce que me raconta maman. J'ai toujours eu de la peine pour elle. Maman me racontait souvent son enfance, l'histoire de la famille comme si j'en étais la digne réceptrice, comme pour la perpétrer, la porter en moi, et je devais devenir son bâton vieillesse et tout endurer sans sourciller. Maman ne faisait que se plaindre de sa vie, de son enfance, de sa santé, de son travail, de ses efforts, du don d'elle-même qu'elle faisait aux autres. Elle autorisait mon frère à se joindre à elle mais mon père et moi devions nous taire et ne jamais nous plaindre.

J'entrai rapidement dans ce jeu puisque lorsque j'étais malade la nuit, je me levais silencieusement, j'allais chercher une cuvette pour vomir et je rangeais le tout méticuleusement après, en veillant à ne laisser aucune trace de mon malaise, aucune salissure derrière moi. Le lendemain matin, je racontais que j'avais été malade, maman me disait « tu aurais dû nous appeler », mais en fait, je savais que cela était impossible. Je devais m'occuper de moi seule, des autres et de mon petit frère, puisqu'en tant qu'aînée, et différente des autres personnes qui m'entouraient, j'avais confusément intégré le fait que je devais faire le moins de vague possible pour survivre, pour éviter de m'expliquer. En fait mes intestins ne me laissaient jamais en paix :

constipation, diarrhées, maux de ventre intolérables, vomissements, maux d'estomac et la peur sourde comme compagne. Les maux de tête, les migraines ophtalmiques inopinées par temps de pluie, la claustrophobie et la timidité, des compagnes qui ne se manifestaient jamais quand j'étais seule et tranquille. La nuit, ce furent rapidement des insomnies et un sommeil en décalage. Grosse dormeuse, encore adepte de la sieste, j'ai besoin de récupérer pour un rien, surtout après avoir été exposée à des bruits, des gens, des blablas, des lumières, un voyage en voiture, une émotion forte. On dirait que je cuve après une gueule de bois, je le suppose, buvant peu, car je suis vidée. Je me traîne jusqu'à mon lit ou sur le canapé, toujours au même endroit, dans la même position, avec mes volets à peine ouverts donnant sur mon arbre fruitier. On ne change pas une équipe qui gagne et qui me fait récupérer illico presto pour redescendre dans l'arène, car il s'agit d'un combat de gladiateurs où j'ai l'impression de me faire bouffer par des bêtes sauvages qui n'y vont pas de gueule morte, griffures comprises. Je me suis souvent réfugiée dans les toilettes vétustes de mon établissement pour récupérer pendant la récréation, voire de m'allonger par terre derrière mon bureau, sur le vieux parquet en bois, emmitouflée dans ma doudoune chaude à la bonne odeur de plumes pour affronter l'épuisement du cours qui allait venir quelques minutes après. Épuisement mental, physique, psychologique, intellectuel, mais une volonté de morpion de le cacher et de donner tout, quitte à y laisser un bout de moi.

Dès ma plus tendre enfance, je fus jetée dans l'arène de l'école. Maman me raconta que je fis plusieurs maternelles et en fus renvoyée. Apparemment j'étais une enfant sauvage : je mordis la maîtresse, repliée dans un coin, je fis pipi par terre, je refusai de me mélanger aux autres, je refusai d'obéir, je fis la classe à la place de la maîtresse en donnant des conseils aux autres qui ne comprenaient rien, je ne faisais pas les tâches demandées, bref, impossible de rentrer dans le rang. Ma mère me reprit à la maison puis un jour, elle me conduisit dans une école au milieu des bois. Puisqu'il y avait des arbres auxquels j'étais habituée et qui me calmaient quand j'étais en vacances dans le Jura chez ma grand-mère, je me sentis à mon aise dans cet endroit et je rentrai dans les lignes, ou presque. On me raconta que je mis longtemps avant de prononcer un mot à tel point qu'on craignit que je fusse muette. J'observai énormément sans décrocher le moindre mot. Un jour, j'ouvris la bouche : ma syntaxe fut parfaite et mes raisonnements surprenants de logique et de lucidité, ne correspondant en rien à ceux des enfants de mon âge, voire bien plus vieux. Je ne lâchai rien, je voulais des explications claires, des réponses. J'appris vite à me taire car beaucoup de choses se bousculaient en même temps dans ma tête et il fallait avancer avec vigilance en respectant des règles qui me semblaient difficiles, illogiques. Elles engendraient des questions intérieures à n'en plus finir et le sens des expressions me causait des maux de tête. Le monde n'était que menaces. Je percevais bien qu'il y avait danger et que je disais souvent des « bêtises » puisqu'on me faisait taire sévèrement. *Tu n'es pas diplomate ma fille. On dirait un éléphant dans un magasin de porcelaines.* Alors cette métaphore m'a souvent laissée perplexe : que foutait le pachyderme dans ce type de magasin ? Il était sorti du zoo voisin ? Mais qui laisse donc traîner son éléphant domestique ? Anna ou le roi ? Franck chasseur de fauves ou Sandokhan ? Et d'abord je n'avais jamais vu un magasin de porcelaines au passage je pensais « porcelaine » comme si un des trois petits cochons avait fabriqué tout un magasin dans ce matériau, quelle stupidité, ça casse, bien évidemment, éléphant ou pas… et plus tard je compris « porcelaines » et donc qui vendait encore des machins pareils ? Métaphore nulle et non avenue.

J'étais la confidente de ma mère et elle était le souffre-douleur de la sienne. Je n'avais pas été voulue, comme elle. Maman n'avait pas fait le deuil de son petit garçon, aussi ne devait-elle pas retomber enceinte sous peine d'une autre fausse couche. On me raconta bien trop souvent, que je n'avais pas été voulue au bon moment, inopportune quelque part, que les spermatozoïdes de mon père avaient survécu huit jours, que ma conception était impossible, qu'on avait accusé ma mère d'ignorer la date exacte de ma conception, qu'elle avait menti et qu'elle avait désobéi aux médecins en tombant enceinte de moi. Pour empêcher la fausse couche traumatisante, on eut recours au distilbène. Résultat, une malformation congénitale pour bibi qui dut avoir recours aux FIV pour devenir maman à son tour. Mais de cela, on reparlera ultérieurement car je me suis battue comme une lionne pour devenir maman, quitte à y laisser ma santé. Oser mettre une fille au monde était inconcevable pour elle. Elle-même était la dernière d'une fratrie de garçons élevés à la dure par une mère célibataire, abandonnée par son mari qui la battait. Avec un misérable salaire de secrétaire, elle éleva seule ses fils, sa fille, « la bâtarde », comme l'avait appelée son père en la battant devant sa gamine, qui servait de boniche à ses frères, qui lui tapaient dessus. Maman a eu froid, a eu faim, a été agressée sexuellement par un de ses frères, vivait dans le 93, à Villetaneuse. Victime de maltraitances, ma grand-mère était une femme brisée, pupille de la Nation après la Grande Guerre qui avait elle aussi survécu comme elle avait pu et fait un mauvais mariage. Elle ne voulait que des garçons, privée de son père mort à la guerre. Ma mère était sa seule fille, la cause de son divorce, l'enfant de trop. Ma mère ne s'en est jamais guérie, jamais remise, de cette enfance malheureuse et je suis sûre qu'elle s'en est toujours sentie coupable, portant en son sein, en sa chair, la faute de la séparation de ses parents, inconsciemment. Elle s'est toujours plainte de sa vie, a toujours eu mal partout, m'a sans arrêt parlé de son passé douloureux, comme si j'en étais le réceptacle. Maman avait dû payer les études d'ingénieur d'un de ses frères, aux dépens de son propre avenir professionnel, mais à cette époque, une femme bien comme il faut ne travaillait pas ; elle avait pris le pli d'être docile, et de faire ce qu'exigeait d'elle sa mère. Elle fit pareil avec moi. Sauf que je pris un jour la décision de m'affranchir de cette malédiction. Puisque j'avais reçu en héritage cette malédiction féminine, une différence invisible, celle de ne pas entrer dans les bonnes boîtes isothermes et que l'on me le reprochait sans cesse, un jour je couperais la chaîne que j'avais analysée et intégrée comme profondément injuste et c'est ce que je réalisais au prix de l'exclusion du cercle, une fois de plus.

De cette école dans les bois, je garde un souvenir extraordinairement précis de textures, d'odeurs et de bruits. Les odeurs sont mes premiers souvenirs douloureux physiologiquement parlant. Celui du petit lit de camp bleu sur lequel nous devions faire la sieste en tournant la tête du côté droit pour ne pas voir la porte. Cette odeur était la même que les toiles de tentes en coton. Celui des chaussons de gymnastique, leur odeur, la semelle intérieure qui grattait, l'odeur de celle en caoutchouc, de mon sac aux motifs écossais et du toucher rêche de ce dernier ; tout est intact dans les moindres recoins de ma mémoire. L'odeur du savon, sa texture, le senti du torchon unique que l'on tournait au fur et à mesure des passages pour y trouver un coin sec, l'odeur des produits de ménage, de la colle liquide, de la peinture et mon refus de toucher les autres.

Embrasser quiconque a toujours été une torture. M'approcher de la zone « intime » d'une personne est un calvaire. Je sens vibrer l'autre, il respire, il sue, il exhale des odeurs subtiles, contrastées, mélangées de parfums, de repas, de sueur, de stress, de lessive, d'adoucissant. Je hais les buveurs de bière, de café et les fumeurs me donnent envie de vomir. La cantine est un cauchemar. Qui les a conçues ces cantoches ? Un bourreau, un ascète, un anorexique, un débile qui n'y mange pas en tous cas ! Sataniques, écœurants et pervers mélanges d'exhalaisons à vomir toutes ses tripes dès que je descends les marches de mon établissement scolaire encore aujourd'hui, même si les cuisines sont à l'autre bout du bâtiment… relents de nourriture industrielle, mélanges d'odeurs de l'entrée au dessert en passant par les frites, Seigneur, épargnez ma misérable carcasse. Je vis la même torture olfactive quand j'entre dans une boucherie ! Arrivent ensuite les foules qui s'agglutinent, affamées, qui se bousculent, sans se laver les mains, qui foutent leurs papattes dans la corbeille à pain, qui hurlent, qui rient niaisement, qui redeviennent des mammifères aux instincts primaires. Et le pot à eau en plastique qui pue, les bêtises, le défoulement, les paroles idiotes, les médisances, la peur de manger à côté d'un inconnu, les résonances des couverts, du brouhaha qui se répercute en échos dans les moindres recoins de cette salle aux éclairages agressifs, aux couleurs criardes, à la sur information de mes sens après avoir eu peur pendant toute une matinée de cours, côté élèves ou côté prof. Mais encore si on y mangeait bio et digeste, pourquoi pas. Mais je ne digère pas les sauces chimiques : ce sont les diarrhées et les ballonnements douloureux qui me renvoient l'addition en prime. Je hais les cantines. Je ne peux pas manger avec des personnes dont je ne partage pas une affinité ou avec laquelle je ne suis pas en confiance, la nourriture reste coincée au niveau de la gorge, refusant de « descendre », impossible de déglutir sans fournir des efforts dont personne ne soupçonne l'intensité déployée, parce que joue encore le jeu social alors que j'en bave des ronds de chapeaux carrés, expression de ma grand-mère.

De cette école dans la forêt, je me souviens du toucher du sable passé maintes fois précautionneusement dans la passoire, des petites tables qui renvoyaient un reflet couleur crème, des néons qui faisaient un bruit d'insecte, des doigts qui collent à cause de la peinture, de l'odeur de la colle blanche, de sa texture granuleuse, de sa couleur et du début de ma solitude qui durerait toute ma vie. Solitude du bac à sable où l'on en prend pour perpétuité. Je n'ai jamais compris les attentes des personnes autour de moi. Cela a commencé dans le bac à sable, lors des jeux de ballon, avec les filles surtout et leurs règles absconses du « je te prends, je te laisse » et leurs médisances auxquelles je ne comprenais absolument rien. J'avais par ailleurs la sale manie de ne pas suivre le troupeau et de filer directement parler à la personne rejetée par le groupe, comme si je pouvais enfin trouver un ou une alliée qui me comprendrait, mais peine perdue, il y avait toujours un retournement de veste, grand mystère que cette attitude. Je préférais jouer avec les garçons qui couraient plus vite et qui faisaient moins d'histoires. J'ai vite refusé les jupes, les froufrous, les cheveux longs parce que cela gênait mes mouvements.

J'étais une enfant, je préférais d'ailleurs jouer avec les chaussures de mon père au clown que d'essayer de marcher avec les talons de maman, casse-gueule, et bien trop bruyantes ! Il fallait pouvoir grimper vite aux arbres, mes refuges des heures entières, faire du vélo, ne pas montrer sa culotte et se sentir moins emprisonnée par le vêtement qui gratte, qui serre, qui pique, qui se voit trop. Du pratique et du confortable. Ma pire torture vestimentaire ? La culotte qui serre les cuisses ou qui se glisse dans la raie des fesses. L'abrutie de culotte dont on fait tant d'histoire, au diable les dentelles qui grattent et celui qui inventera la culotte qui ne se réfugie pas dans la raie des fesses recevra le prix Nobel de la paix pour moi, pas encore trouvée ! C'est comme les talons hauts et les jupes crayons, les bustiers qui emprisonnent la cage thoracique et le body peu pratique pour faire pipi. Les soutiens-gorge à armature qui gênent la digestion et la respiration, même combat ! Tout cela devrait être brûlé en place publique avec feu de joie et hymne à la liberté, farandole en bande organisée ! Un jour je me rappelle m'être fait disputer par la maîtresse parce que j'avais utilisé mon mouchoir en tissu pour nettoyer la poussière de mes jolis souliers vernis noirs. J'ai toujours aimé et observé les chaussures des gens parce que j'observe plus les détails des pieds que des visages, parce que je ne comprends pas toujours les sous-entendus car ils engendrent chez moi des hypothèses multiples anxiogènes qui s'organisent en éventails à choix multiples. C'est très compliqué de comprendre une situation de communication car j'envisage tous les paramètres et toutes les hypothèses avant de me prononcer sur l'attitude à adopter. À chaque fois que je dois adresser la parole à une personne, une réaction instinctive s'opère malgré moi. J'avance, puis imperceptiblement, je marque un arrêt d'hésitation car mon cerveau entre en ébullition et calcule comment entrer le plus naturellement ou acceptablement socialement possible en communication sans que l'autre remarque mon envie de tourner les talons. La plupart du temps, cette hésitation doit être perceptible car la personne sent que déjà la manière de la saluer me pose des soucis. J'ai en horreur le rituel de la bise ! le serrage de main m'est moins pénible, mais encore là, c'est compliqué car je me suis fait expliquer que la manière de serrer une main révélait un trait de ma personnalité et qu'une personne pouvait se faire une opinion de moi avant même que j'ouvre la bouche. L'horreur sociale commence avec la manière de saluer et hop, me voilà déjà mise dans une boîte isotherme. Quant aux mains poisseuses et transpirantes, leur simple contact me fait frémir de dégoût, surtout quand je songe aux bactéries qui y prolifèrent. Faire la bise est bien pire… j'entre dans la sphère intime d'autrui et la personne fait de même. Pas touche ! c'est mon visage, ma bouche, mon odeur, chacun la sienne. Que chacun reste sur son territoire et tout se passera bien. L'odeur de la salive des autres, du bisou baveux de la grand-mère, beurk et encore rebeurk. Je n'embrasse que mon amoureux dans l'intimité ou bien mes enfants, c'est tout. « Va faire un bisou, dis bonjour à la dame ». Et non, j'ai vite refusé de m'y soustraire et suis passée pour une sauvage aux yeux de tout un chacun. Pas grave, même pas peur, même pas mal, tant que l'on ne m'approchait pas, tout allait bien. Au collège, ce fut la fin de tout et l'ère du harcèlement pour ma différence notoire mais je tins bon : aucune bise !

Ma dernière apparition publique lors d'un vin d'honneur où l'on m'avait traînée de force fut un calvaire sur fond de fin de Covid, période bénie pour moi, je l'avoue. Un masque, pas de serrage de mains poisseuses, aucune bise et une distance de sécurité hygiénique ! le pied ! chacun sur son territoire, respect enfin de mon cubage d'air ! Lors de ce vin d'honneur où il fallut que je montre ma tronche pour faire connaissance avec le milieu de mon compagnon, j'ai tenu bon jusqu'à l'insoutenable et ai fini par me tailler à l'écart derrière un bâtiment pour reprendre consistance et forme humaine. Un mois auparavant j'avais réalisé mes tests pour le TSA et deux psychologues s'étaient déjà prononcées sur leur avis avant de m'envoyer vers une autre spécialiste pour faire des tests dont je n'ai toujours pas le résultat. Pour la première fois de ma vie, j'ai refusé d'encaisser les coups de butoir sociétaux de ce vin d'honneur où je ne connaissais personne et ai refusé de me faire piétiner sur ma zone proximale d'intimité à la Bibendum Michelin. Ce gros bonhomme entouré de pneus qui le protègent des chocs, des intrusions par cette épaisse couche de caoutchouc, le veinard ! Je veux les mêmes protections anti-intrusions des autres. Certaines personnes ont la sale manie de s'approcher de vous pour vous parler et moi je m'écarte systématiquement si bien que le duo se déplace dans l'espace au fur et à mesure de la conversation.

Je suis passée maîtresse dans l'art de la communication pour ne rien dire quand la nécessité s'en fait sentir mais elle ne dure jamais très longtemps. La ruse est de faire parler les personnes du sujet qui les intéresse ou de répondre à leurs questions et à leur insatiable curiosité qui porte systématiquement sur le travail, le nombre d'enfants. Personne ne me demandera jamais si j'aime le chocolat, la dernière blague qui m'a fait rire, quel sport je pratique ou si j'ai aimé le dernier film sur Arte. En général, je m'en tiens à donner ou demander une info utile et rapide parce que le reste me gonfle et m'épuise. Mon enthousiasme fait peur aussi, alors je me tais. C'est plus facile, moins épuisant que de tenter de m'expliquer car les gens ne comprennent pas toujours où je veux en venir. Je cherche toujours les différentes manières d'expliquer quelque chose d'évident que les autres mettent des plombes à comprendre. J'avoue que bien souvent, j'aurais envie de les « baffer » en mode Obélix avec les Romains. Les gens sont *d'une lenteur à la comprenette* et d'une bêtise qui puisent dans ma gourde de potion magique que je dois régulièrement remplir si je veux survivre dans ce monde hostile à mes sens et à ma manière de l'appréhender.

Épuisement de la cinquantaine ou autisme ?

Chapitre 10
Infans « qui ne parle pas encore » mais qui observent tant

La solitude est ma meilleure alliée car les gens n'aiment pas aller vers les personnes qui s'isolent, préférant *grouiller* dans la masse et se regrouper, j'ignore pourquoi. À l'écart, on est peinarde, moins de bruit, plus d'air, du temps pour se poser et réfléchir sans être perturbée par des propos d'une niaiserie affligeante, sans le moindre intérêt, méchancetés en prime sur celui qui n'est pas là, pour se souder davantage dans ce groupe aléatoire. Cela pourrait paraître hautain de dire cela, mais en termes de vitesse de traitement de l'information, quand on sait déjà ce que l'autre va dire et que, pour paraître socialement acceptable, on se retient de ne pas aller au-devant de ce que l'autre va forcément dire, c'est épuisant. Je dirais que c'est aussi douloureux qu'une bonne diarrhée. Le ventre se tord de douleur, on se retient pour ne pas déféquer en public ce que l'on a à dire, « à sortir » en mode brut de décoffrage, comme une tranchée intestinale poussée par des gaz. C'est peu glamour de parler ainsi, mais c'est exactement l'image et la sensation que j'ai quand il « faut » que je dise quelque chose de vrai, d'évidemment peu diplomate parce que je dis juste, observé, pesé, analysé et que l'autre, évidemment va le prendre en mode seau à glace le matin au réveil… J'ai mis du temps à comprendre cet effet sur les gens, leurs réactions à chaud, leur répulsion et je l'ai vraiment analysé et saisi face aux travailleuses sociales, campées sur leurs positions et leur force, puisque j'étais du mauvais côté de la barrière en mode dauphin coincé dans un filet de chalutier au bord de l'asphyxie.

Je hais les rumeurs, les cancans, les fausses nouvelles des médias ou les « la science a prouvé que… » sans citer ses sources. Je ne connais pas la vie de mes voisins et je ne sais pas reconnaître bien des gens dans la rue, parce que je regarde les chaussures et les bijoux, des détails me sautent aux yeux en même temps, je suis prise par tout un tas de pensées et de sensations envahissantes et à moins de ne venir me taper délicatement sur l'épaule, je dis bien *délicatement*, il y a de fortes chances pour que je passe à côté sans reconnaître la dite personne, qui, bien sûr, pensera que je fais exprès de ne pas l'avoir vue et ai refusé de la saluer. Tous ceux qui ont vécu à proximité de ma carcasse savent qu'il ne faut surtout pas s'approcher de moi vite ou bien je risque *The Crise* cardiaque. J'ai besoin qu'on entre en contact avec moi lentement, sans faire trop de bruit et en annonçant à bonne distance que l'on va me parler. Annoncer de loin son arrivée depuis la pièce d'à côté : si de telles précautions ne sont pas prises, je sursaute, mon cœur s'arrête presque, je peux pleurer, le choc est intolérable et particulièrement douloureux dans le thorax, prêt à exploser. J'ai aussi besoin de mettre mes mains sur le corps du membre de ma famille pour passer derrière lui, pour marquer une frontière entre son corps et le mien. Le toucher me le rend ainsi plus « réel, palpable », j'ignore pourquoi. J'ai aussi besoin que mon compagnon me serre fort, me presse contre lui, cela apaise mes tensions, mes peurs. On dirait que les gens n'existent pas vraiment pour moi, c'est confus, on dirait qu'ils sont des fantômes « sans consistance » parce que je ne les perçois pas totalement physiquement. D'un côté je ne veux pas qu'ils m'approchent par une bise ou un toucher quand je ne les connais pas intimement, de l'autre, j'ai besoin que mes enfants ou mon compagnon me touchent physiquement pour entrer en lien avec moi. Je ne comprends pas leurs attentes s'ils ne me les expliquent pas méticuleusement, point par point, clairement, avec ce que j'ai le droit de faire et de ne pas faire. J'ai besoin que l'on soit précis et constant et que l'on me dise ce que l'on attend de moi. J'ai appris à ne rien dire de ma vie intérieure parce que j'ai vite compris qu'il y avait quelque chose qui clochait chez moi, que je n'étais pas *normale*. Les réactions que je suscitais chez les autres, je ne les comprenais pas et elles ne correspondaient pas à ce à quoi je m'attendais. Alors comme un petit chien, je me suis vite habituée à ne me contenter, en matière de relation humaine, qu'aux miettes de la table, celles que l'on voudrait bien me laisser et surtout ne rien demander ou réclamer. De petites miettes. Je ne mérite pas de m'asseoir à la table pour festoyer au banquet de la vie, profiter de la fête, savourer *simplement* la joie, le repas, le bruit, les conversations, le bonheur ou les blagues comme ont l'air de le faire tous les autres, quand je les observe à la dérobée. Un banquet, c'est bruyant, on voit mal, on n'entend pas le contenu des conversations, j'ai peur de danser car je perçois mal mon corps maladroit dans l'espace (sauf dans l'eau), je ne sais pas quoi dire vraiment si ce n'est tricher, encore et toujours et sourire. Lors d'un repas, je suis toutes les conversations en même temps et les gens ont la fâcheuse manie de ne jamais prendre le temps de s'écouter parler et n'attendent jamais leur tour pour débiter leur plate banalité. C'est épuisant ! S'il existe le couteau suisse de survie à multilames, moi c'est le sourire passe-partout et l'autodérision. L'humour passe mal quand on est une femme pas trop moche. Je me suis mise dans de délicates situations à cause de mon humour avec des hommes qui ont cru que je les draguais, sauf que ce n'était pas le cas. En vieillissant, je suis devenue plus habile à ne pas me faire prendre au piège et ai pu surmonter une partie de ma naïveté avec les hommes. Surtout, maintenant que je suis célibataire, systématiquement, je ne m'adresse qu'aux femmes en couple, jamais à leur Jules, j'ai compris, c'est chasse gardée, surtout en vieillissant, on compterait deux ou trois femmes pour un homme, là il faut faire très attention. Le marché du quadra ou du quinqua est une jungle où l'on risque sa peau. A cinquante ans, j'ai réussi à me faire intégrer dans un Centre de Secours et d'Intervention bourré de pompiers professionnels et volontaires. J'étais au point physiquement, très sérieuse, militaire à souhait bien que j'eusse du mal à comprendre qu'il fallait respecter une hiérarchie rang par rang, à l'encontre des initiatives quotidiennes du « Demerden Sie sich de tout prof qui se respecte ». J'ai été obligée de donner ma démission car une nana dans ce type de caserne entourée de machos assez primaires, à mon âge, il ne fallait être médium pour savoir qu'on m'en ferait baver et que j'avais bien mieux à faire de ma carcasse et ne SURTOUT pas faire d'humour. Le pompier ou le militaire peut être bas de plafond surtout quand il est jeune et qu'il croit que toutes les femmes aiment les uniformes. Certains bien sûr sont formidables, très courageux et humbles, question de personnes, ne mettons pas tous les gens dans le même sac, surtout quand on cherche à savoir si on a une particularité neuronale, ce serait l'hôpital qui se fout royalement de la charité, qui à mes yeux, ne commence pas par soi-même. Je hais les uniformes quels qu'ils soient : cette autorité affichée bienpensante me répulse et sont un repoussoir physiologique, intellectuel en ce qui me concerne.

Je suis épuisée de faire semblant. Mon cœur et ma tête vont exploser. Quant aux amours de femme ou de mère, j'ai aussi fait une croix dessus. Mes animaux sont mes seuls vrais amis. Au moins ils sont simples, ne me jugent pas, ne demandent aucune explication et sont vraiment heureux de me retrouver, authentiques et reposants. Sans eux, je ne pourrais pas aller bien. Sans le sport et les arbres, je vais mal. Sans la culture, mon insatiable curiosité intellectuelle, je ne peux pas comprendre le monde, incapable alors d'entrer en interaction avec autrui pour paraître « normale, fondue dans la masse ». Je devrai me contenter de miettes toute ma vie, c'est ainsi ; les petits piafs et les stupides pigeons chassés de partout y parviennent, non ? Je n'ai pas envie de vivre vieille. Je souhaiterais vite débarrasser le plancher puisque je suis une erreur de programmation. Pourquoi les spermatozoïdes de mon père ont-ils vécu huit jours et l'un d'entre eux s'est planqué ? Vivre planquée dès le départ, tel serait mon destin. Se planquer pour survivre. Je souhaiterais me suicider proprement quand le moment sera venu, sans faire de mal à personne, pour ne plus être un poids et remettre ainsi l'univers en ordre. Personne ne me regrettera. Mon seul souci c'est que mes animaux soient à l'abri. Tous les matins je leur dis que je vais *gagner les croquettes* et que je reviens.

Non, ce n'est pas triste, c'est ma vie. Elle vaut bien celle d'un autre. J'ai fondé une famille, ai élevé quatre filles, ai un métier que j'adore, je paie mes impôts, j'aide tout ce qui bouge. Le moment venu, une fois ma mission de vie achevée, j'aimerais choisir de tirer ma révérence sans révérence parce que la vie n'est pas un spectacle et que je ne veux pas être actrice ou reine du bal. Pour vivre heureuse, je vis cachée.

La Solitude de bac à sable correspond à un moment de ma vie dans cette école maternelle, où seule, isolée du groupe, à l'écart, sans parler, infiniment plongée dans mes pensées, je tamisais le sable à maintes reprises pour le rendre parfait, en me le rendant présent par le toucher. J'ai encore ce toucher présent intact dans mes souvenirs d'aujourd'hui et ce moment précis en mémoire. J'étais seule, isolée sensoriellement, je ne parlais pas, je touchais, je tamisais, concentrée à ma tâche. Et puis a surgi de nulle part un garçon avec sa pelle. Avec violence, il a mis un coup de pied dans son seau, a détruit tout mon travail avec une joie sadique en hurlant de plaisir. Il tenait à la main une petite pelle verte et il criait. Je n'ai pas bougé. J'étais pétrifiée par la violence de son geste. Je vois encore ses boucles blondes, son pantalon en velours et sa violence stupide. Je ne suis plus jamais retournée dans ce bac à sable parce que j'ai compris qu'il était le lieu d'une violence incroyable à laquelle j'étais étrangère. Ils faisaient tous des trous, des pâtés sans eau en se lamentant qu'ils s'effondraient, ce qui me paraissait logique et perdu d'avance d'oser une telle entreprise sans eau, tandis que moi, silencieusement, je tamisais mon sable dans mon coin, seule, à l'écart. Je ne suis plus jamais retournée jouer dans ce bac et à chaque fois que mes chaussures en vernis noir étaient souillées, je sortais mon mouchoir en tissu pour en ôter la poussière et me faisais immanquablement disputer par les maîtresses. Peu importe. Mes chaussures devaient rester propres et ne pas toucher ce sable non tamisé, qui appartenait aux autres et avec lequel je ne voulais plus jouer parce que je ne leur ressemblais pas, je le compris dès l'école maternelle.

Solitude du bac à sable, solitude de l'école primaire durant la classe où je répondais trop vite et trop souvent aux questions. Je vivais toujours avec difficultés le moment fatidique où il fallait m'expliquer. J'ai opté pour différentes stratégies au fil des âges de la vie. En famille, je pense que cela allait, mais j'ai des doutes aujourd'hui car on me disait que j'étais trop vive, toujours « TROP » pas comme il le fallait et certainement pas *diplomate*. Je n'ai jamais toléré le mensonge ou l'hypocrisie et à mes yeux ce mot de « diplomate » équivalait à être un menteur patenté dont des gens faisaient même un métier grassement payé, pour ménager des conflits économiques et exploiter de simples gens ! Mentir au nom de quoi ? La raison d'État ? Bref, impossible au sein de ma famille. Je pense qu'ils ont dû s'en prendre plein les dents sans voir arriver mes boulets de canon bien des fois, moi je ne voyais pas où j'avais gaffé… Ce n'est pas à l'adolescence qu'a commencé le souci ; haute comme trois pommes, quand mes pensées jaillissaient de ma bouche après les avoir contenues un sacré bout de temps, elles devaient absolument sortir quand je jugeais la situation injuste, adulte en face de moi ou armée entière, il fallait que justice fût faite. Et mon sens de l'honneur alors ? Par exemple, j'avais entendu que ma marraine « avait du poil aux pattes ». Je ne comprenais pas que mes parents se moquaient de sa pilosité abondante, cette expression m'étant totalement inconnue. J'avais « senti » plus ou moins que ce n'était pas une qualité, mais « poil » et « patte » s'appliquant à mes animaux adorés, je n'y voyais pas de problème. Un jour, mon père prit sur ses genoux sa nièce, fille cadette de ma marraine qui adorait se coller à mon père. La venimeuse marraine, très méchante avec maman au point de lui avoir lancé sur le front un verre de champagne plein de colère et de jalousie un jour, dit de mon père, très grand et baraqué ; « Descends immédiatement des grosses jambes de ton oncle » d'un air pincé et jaloux. Les jambes de mon papa étaient sacrées, elle était méchante, transpirait le fiel et je lui ai répondu en hurlant : « Et toi, t'as bien du poil aux pattes, on n'en fait pas tant d'histoires ! ». Elle a poussé un « OH ! », mes parents ont dû être très gênés, je ne sais plus. Moi j'ai continué mon jeu sur le tapis, j'avais dit la vérité, où était le problème ? Je ne me souviens ni des réprimandes ni du reste puisque j'étais passée à autre chose et étais retournée dans mon monde. Je ne revois que sa tronche de femme méchante que j'espionnais souvent quand j'écoutais aux fenêtres les belles-sœurs dire du mal de ma mère ou de moi et j'ai défoncé sa porte quelques années plus tard parce qu'elle avait menti une fois de plus. Mes colères sont rares mais spectaculaires. On dirait un tsunami intérieur. Il vient du plus profond des océans, enfoui, conséquence d'une faille sismique ; il vient des abysses secrets, on ne le voit pas arriver, mais quand il s'abat sur la terre ferme, rien de l'arrête, il emporte tout sur son chemin. Telles furent mes rares colères, fruit d'accumulations de plusieurs années ou de mois, contenues comme des varices dans des bas de contention. Ça soulage quand on les retire, faut que ça reprenne sa place ! C'est à cela que ressemblent des colères d'autistes ? Je peux dater la dernière que j'ai eue et me suis jurée que, plus jamais, je ne commettrais une telle erreur, inqualifiable, inadmissible, car ce fut une de mes filles qui la reçut. Je n'aurai de cesse de lui demander pardon jusqu'à mon dernier souffle. Même si elle s'explique aujourd'hui comme le résultat de mois de pressions multiples et de peurs contenues, la violence de cette explosion et ses manifestations physiques furent, ce jour-là, inadmissibles et indignes d'une maman. Durant cette colère, j'ai eu peur pour mon enfant. Demander pardon ne me suffit pas. Il me faut comprendre, analyser et changer mon appréhension du monde pour qu'il ne m'envahisse plus, ne me submerge plus. Telle est ma mission avec Wonder Psy, je la mènerai à bien, je le dois à mon entourage, à autrui, à moi-même.

Mon monde enfantin était peuplé de jeux solitaires avec mon Playmobil indien et sa cabane en bois, des jeux où je pouvais observer, des heures entières, une toupie, un kaléidoscope, jouer sur la balançoire à m'enrouler autour des cordes, me balancer en cochon pendu aux branches des arbres, tourner éperdument sur moi-même à m'en donner le vertige, perdue dans la contemplation du monde foisonnant qui m'entourait, la nature qui changeait d'odeurs, de nuances ténues, de bruits, de couleurs en fonction des saisons. Jamais je ne me plains du temps qu'il fait le matin car je sais qu'à chaque jour différent, il y a des ressentis différents et mon corps est en hypervigilance ou hyper- réceptivité en fonction de la météo. C'est agréable car je me sens vivante, si bien sûr il n'y a pas trop d'humains et leurs pollutions chimiques, auditives, olfactives ou verbales à proximité de mon espace de survie.

J'aimais les jeux miniatures où je pouvais me raconter des histoires, seule, tenir les personnages dans une boîte, j'avais ainsi le pouvoir de les faire vivre à mon gré, à ma fantaisie. J'adorais rester près de ma mère à jouer avec sa boîte à boutons pendant des heures entières. Je pouvais les classer par forme, par couleur, par texture, les empiler, faire des chaînes, des formes, bref, les combinaisons étaient infinies. Ma mère m'a cousu des vêtements, précieux à mes yeux, dont j'étais très fière parce qu'ils ne ressemblaient pas à ceux des autres. Elle utilisait aussi une machine à tricoter et je me rappelle très bien le bruit si singulier du va-et-vient de cette machine et des poids accrochés au bas du pull en fabrication, de leur texture, de leur couleur et de l'odeur de la burette d'huile qu'elle utilisait pour la graisser. Maman me tricotait aussi de magnifiques pulls et gilets que je garde toujours précieusement comme de véritables trésors. Cette femme a vraiment donné le meilleur d'elle-même et je comprends son épuisement. Je garde pour elle un profond amour et une grande admiration dans toutes ses fragilités aussi et ses souffrances contenues, qui émergent au fil de ses discours trop durs pour ne pas trahir de profondes souffrances jamais travaillées, restées sourdes comme des fantômes envahissants qui lui vrillèrent le corps et l'âme toute sa vie.

Elle a donné sa boîte à boutons à une de mes filles en sachant pertinemment que cette boîte était sacrée pour moi. Lorsque j'en ai parlé à ma fille, elle m'a répondu « Je sais, Nana m'a raconté ». Je n'ai jamais osé lui dire les sensations, les heures et les petits bonheurs que cette boîte m'avait procurés. Maman m'a fait une peine immense : encore une fois, elle me zappait, moi, la désobéissante. Mon ventre, mes entrailles se vrillèrent atrocement à cet instant mais j'ai retourné le mal en positif en me disant que ma fille avait en ses mains ce joli héritage, une petite partie de sa maman qui l'adorait sans oser le lui montrer comme elle l'aurait souhaité, puisque j'étais à ses yeux une mère maltraitante, la juge en avait décidé ainsi, inutile de se justifier, à quoi bon ? Depuis des mois, aucune de mes filles ne voulait me parler…

J'aime la lecture car les personnages deviennent des compagnons de vie, j'adore réfléchir sur leur psychologie, élément d'une société, d'une histoire en marche, d'une époque qui se cherche, tout comme je suis friande de livres ou de documentaires sur le développement personnel, la psychologie et tous les autres sujets sociétaux en fait. Je comprends ainsi les situations, les gens, leurs histoires et puis entrer en empathie rapidement avec eux. En revanche, je n'aime pas les chiffres et je ne suis pas un singe savant. Je me suis promis de ne jamais aborder un thème ou une question si je ne maîtrise pas le sujet acceptablement, par honnêteté et respect pour ceux qui savent et qui ont eu le mérite de passer du temps à l'étudier. L'humilité intellectuelle est à mon sens le socle de tout début de sagesse.

Il est essentiel, vital pour moi de comprendre le monde et les personnes, les situations et de trouver des réponses aux questions multiples que je me pose sans arrêt. Pendant la nuit, quand je me réveille en trombe, le hamster court dans sa roue, je trouve souvent des réponses posées la veille ou quelques jours auparavant, comme une lumière qui s'illumine dans mon cerveau qui a pris du repos et qui est prêt à repartir de plus belle.

Ce que je ne peux pas faire avec mon corps et mon habileté sociale défaillante, *éléphantesque*, je le compense avec ma tête, mon raisonnement qui file à toute vitesse et mon esprit de synthèse.

J'ai maintes fois prié que ce cerveau s'arrête jusqu'à vouloir l'arracher pour dormir en paix : arrêter de cogiter, pouvoir prendre une décision, voir une simple chose sans la considérer sous tous ses aspects en même temps. Je rêve de pouvoir paisiblement me poser et de vivre en harmonie. Je suis en quête de la sérénité mentale. Penser comme tous les gens normaux, ne plus penser, profiter de la vie ou goûter l'instant présent sans me prendre le chou. Je peux en avoir mal physiologiquement dans tout le corps parce que l'activité intellectuelle, les émotions vives, l'hypervigilance permanente, l'agression de choses infimes me provoquent des douleurs atroces parce qu'accumulées. Avant d'oser faire mes tests et avant de creuser mes recherches sur le haut potentiel grâce aux études que j'avais pu faire et ce potentiel de travail acharné qui ne lâche rien, je n'avais pas conscience de ce que mon corps pouvait encaisser. Je suis en train d'apprendre intellectuellement à gérer mon corps et mes émotions, à transformer mes faiblesses et mes différences en force vitale pour vivre en paix. Cela passe par un élagage, un retrait monastique, une solitude et une réflexion pour mieux me retrouver, faire le point. Je pense que c'est une des raisons qui me pousse à me couper du monde pour le moment. J'ai besoin de faire le point sans aucune influence extérieure autre que Wonder Psy.

Un épisode de ma petite enfance fut plus douloureux que tous les autres. Un jour mon frère, âgé de quatre ans, faisait toujours des bêtises que je couvrais systématiquement car on m'avait dit « tu dois protéger ton petit frère, tu dois montrer l'exemple », à la vie à la mort, j'avais compris qu'il en allait de ma reconnaissance filiale en tant que fille exemplaire. Je prenais des trempes pour lui, coups de martinet, fessées dont je me souviens encore et je vois encore les traces des doigts fins de ma mère sur mes cuisses. Elle m'avait expliqué qu'elle frappait sur mes cuisses pour ne pas viser le visage et ne pas me blesser, qu'il y avait « de la surface » sur les miennes, qu'il était facile de m'attraper et s'amusait en m'expliquant après coup son geste en disant « on voit phalanges, phalangines et phalangettes, c'est marrant non ? ». Moi j'observais les traces de la main de maman, la droite, je la trouvais belle, élégante, fine, cette main sur ma grosse cuisse, rouge écarlate, détaillée, et je la contemplais jusqu'à ce qu'elle disparaisse. Après je devais aller demander pardon et promettre de ne pas recommencer. J'avais honte d'avoir fait mal, j'avais trahi mes parents, ma mère toute puissante que j'aimais par-dessus tout ; je ne pouvais que mériter d'être ainsi frappée. Pour le martinet, c'était moins agréable pour moi. Il était laid avec son manche jaune et ses lanières en cuir de couleurs différentes. Je pourrais encore dessiner la forme du manche, la taille des clous, le toucher des lanières bifaces, de textures différentes, dont je m'amusais à faire des tresses en douce, quand il n'était pas une menace. Maman ne criait jamais, c'était réservé à la voix tonitruante de mon géant de père, un mètre quatre-vingt-dix, qui chaussait du 47, rare pour l'époque, un géant barbu aux mains de Titan ! S'il nous avait frappés une seule fois, il aurait pu nous pulvériser mais c'était un homme doux et timide, taiseux, hélas. Ma mère a toujours commandé à la maison. « Qui n'est pas avec moi est contre moi » avait-elle coutume de dire. Elle fut mon modèle pendant longtemps, je ne pouvais pas imaginer lui désobéir ou faire quoi que ce soit sans son précieux avis. Heureusement, mes filles ne suivent pas ma voie. J'ai tenté de les élever différemment de ce que j'avais vécu. Je pense avoir réussi au vu de ce qu'elles me font subir adolescentes. Ce martinet, à sa simple vue, me glaçait le sang, un simple regard de ma mère et tout se figeait. C'est une femme autoritaire qui refuse de reconnaître ses torts et ne s'est jamais remise en question de sa vie. Pas besoin d'avoir fait d'études, elle sait mieux que tout le monde puisqu'elle a du *bon sens paysan* qui manque aux *intellos* selon elle. Mon métier à ses yeux est un loisir, et *d'une merde de chien je fais un roman*. Elle reconnaît n'avoir aucune patience ; je ne partage pas ce point de vue car elle se donne à ceux qu'elle choisit avec une patience inégalée et un grand sens du sacrifice. Malgré mes connaissances théoriques sur la psychologie, les neurosciences, elle reste cette femme dont je contemplais la main droite sur ma cuisse meurtrie alors que c'était mon frère qui avait commis une bêtise. J'ai un immense respect pour elle. Nous savons que nous ne nous comprendrons jamais et cela me peine. J'ai accepté et compris qui elle était, comment elle fonctionnait, quelle avait été son histoire et comment elle souhaite vivre selon un rituel, des lois, des cercles dont je ne fais pas partie, ainsi soit-il. Cela n'enlève en rien l'amour et le respect que je lui porte.

Malgré mon explication ce jour-là, je ne reçus aucune excuse, j'avais mérité la raclée pour n'avoir pas empêché mon frère d'approcher de la pharmacie alors que je jouais paisiblement avec ma girafe, concentrée sur la manière de la faire asseoir sur une chaise en plastique avec ses grandes pattes, impossible tâche à laquelle j'étais profondément attelée, perdue dans mon monde, silencieuse. Juste le temps d'être saisie violemment et battue. Mais maman disait qu'elle ne se ferait plus mal à la main avec ce fabuleux martinet de compétition, en vente chez tous les droguistes à cette époque, pendouillant comme des saucissons chez le charcutier. Elle critiquait mon oncle qui frappait ses fils à coup de ceinturon, parce qu'elle trouvait cela cruel. Pas de commentaire. C'était une autre époque et je ne suis pas une exception. On éduquait ainsi les enfants en pratiquant les « châtiments corporels » ; pas de maltraitance voulue et désirée à cette époque-là, ce langage n'existait pas comme tout un tas d'autres choses. On jouait dehors sans surveillance, entre nous, on pouvait se salir à loisir, se râper les genoux à vélo. Voit-on encore des mioches aux genoux écorchés aujourd'hui sans que l'on n'appelle systématiquement le 15 et qu'on ne sorte une batterie de soins et analgésiques pour ces pauvres petits élevés dans de la ouate, qui ne jouent plus dehors avec ce qu'ils ont sous la main ? Je m'amuse quand je constate les absences à répétition de mes élèves, en général des garçons, gardés au chaud par leur maman pour un petit nez qui coule, voire plusieurs jours de suite pour la pause d'un appareil dentaire qui les fait souffrir atrocement tandis que les filles sont envoyées en classe en se tordant de douleur lors de leurs menstruations, pâles comme des linges. On dressait les enfants dans mon enfance et le caprice était réprimé ; il fallait obéir et écouter l'adulte en l'imitant sagement. Je me souviens des dépôts d'ordures à ciel ouvert et y avoir joué avec une grande délectation parce qu'ils recelaient une foule de trésors abandonnés. Idem pour la vieille carcasse d'une fourgonnette abandonnée qui fut notre repère pendant de longs mois. Nous n'hésitions pas non plus à grimper sur un mur garni de tessons de bouteille pour aller à la maraude aux cerises. On aurait pu se tuer des centaines de fois, honnêtement, surtout quand on jouait dans les granges, en se faufilant partout tels des chats sauvages au milieu des instruments agricoles ou dans le foin en construisant des cabanes et des tunnels sans fin avec des bottes de paille. Heureusement que mes parents l'ignoraient car ils auraient eu de quoi faire une attaque. On nous laissait jouer et inventer des bêtises jusqu'à plus soif. Nous nous écroulions d'une saine fatigue en quelques secondes. J'ai eu une enfance heureuse, vraiment.

Un été nous avions recueilli un de mes cousins qui tournait en rond dans un appartement parisien tout l'été et était infernal. Mon oncle le battait à coups de ceinturon parce ce gosse bougeait tout le temps. Ma mère nous l'a confié, à mon frère et à moi, puisqu'elle travaillait, mais elle se vantait d'être une parfaite éducatrice puisqu'il était redevenu calme. Mon frère et moi n'en pouvions plus de le supporter et de le surveiller comme le lait sur le feu ! Ma mère n'a jamais perdu l'occasion d'aller secourir des personnes qui avaient besoin d'aide. Elle les surnommait « des pauvres ». Dans le langage catho, *le pauvre* est un être qui attire la pitié car il vit loin du Seigneur et a besoin du bon Samaritain. Sauf que les Samaritains sont à mes yeux de fieffés trésoriers intéressés par deux choses : les intérêts à valoir sur leurs bonnes actions au Paradis, donc aider autrui est un bon placement du type Assurance Vie Éternelle et de plus, ce sont des Tartuffes qui adorent se faire voir et être reconnus donc remerciés par ledit *pauvre.* Dans le cas contraire, c'est un ingrat, ce qui ne fait que rehausser le mérite du susnommé Bon Samaritain, banco.

En général, quand j'aide une personne c'est toujours gratuitement, et je me sauve avant qu'on ait eu le temps de dire merci. Cela me gêne toujours, les remerciements. Inutiles et gênants pour les deux parties. Que ma main gauche ignore ce que la droite a donné de bon cœur et on en reste là. Chacun sa route, on passe à la suite. J'évite de demander quoi que ce soit aussi… par pudeur, et puis je me suis tellement débrouillée seule dans ma vie pour me sortir le cul des ronces que je finis toujours par trouver une solution par moi-même.

Un jour maman m'a avoué qu'un jour elle avait cessé de me corriger car elle ne comprenait pas pourquoi une enfant gentille comme moi faisait autant de bêtises. Elle eut des doutes. En fait, elle avait envisagé que peut-être, c'était mon frère qui commettait ces bêtises, mais pas sûr puisqu'il était si parfait à ses yeux, et que j'étais responsable de lui.

Une chose est sûre, je n'ai pas été désirée au bon moment, comme ma mère n'avait pas été désirée. Je suis arrivée au mauvais moment dans l'histoire du couple de mes jeunes parents, comme bien des enfants, et maman n'était pas prête à avoir une fille. J'étais son prolongement filial mais une non-partie d'elle-même qu'elle n'aimait pas non plus parce qu'elle-même avait été la fin du couple de ses parents, la cause de leur divorce m'avait-elle raconté, l'enfant de trop, « la bâtarde » avait crié son père à ma grand-mère, sa mère, lorsqu'il l'avait battue et failli la défenestrer devant les yeux de maman toute enfant, tel fut son premier souvenir douloureux. Wonder Psy m'a expliqué le poids de l'inconscient ce qui m'a permis de faire la paix avec les femmes de mon passé, pour un futur serein.

Toute mon enfance, maman me parla de ses traumatismes d'enfant et de ces souffrances qui la hantaient. Maman souffrait terriblement de fatigues quotidiennes, terrassée par des douleurs atroces, que mon père soignait à coup de massages quotidiens, infatigablement, patient avec elle. Nous abdiquions tous silencieusement devant ces maux, réglant notre vie quotidienne sur ses siestes, le silence, l'écoute des douleurs répétées en boucle. Dans ces conditions, une fille qui débarque alors qu'elle venait juste de perdre in utero un petit fœtus mâle, adulé par sa propre mère qui ne voyait que par ses fils parce qu'elle avait perdu son père à la guerre et que son mari l'avait maltraitée, que venais-je faire dans cette chaîne infernale ?

Je n'aurai eu de cesse de la briser cette chaîne, pour en délivrer mes filles. De plus, j'avoue que bien que j'aie fait de mon mieux pour la satisfaire, j'ai toujours fini par échapper à ce qu'elle voulait que je fasse.

Ma mère est une femme exemplaire qui a fait de son mieux et a toujours donné le meilleur d'elle-même dans tous les domaines. Elle m'a donné l'éducation qu'elle jugeait bonne pour son époque, en continuité de celle qu'elle avait reçue mais en mieux, et chaque parent fait de son mieux et croit mieux faire que ses propres parents, campé sur son tas de fumier en bon coq gaulois. Mais le parent parfait n'existe pas et il n'existe pas de bonne ou de mauvaise éducation. On fait ce que l'on peut avec les moyens du bord. Facile de juger a posteriori… il y a des modes en éducation comme dans tous les domaines. Il y a aussi des modes qui virent aux excès. Je prendrais pour exemple la pédagogie dite « positive ». Bien pensée au départ, elle est en train de virer au grand n'importe quoi. Pas la peine de traumatiser un enfant bien sûr en l'envoyant au tableau pour le sidérer jusqu'à ce qu'il pleure ou de l'obliger à finir une assiette d'un légume détesté. J'ai en horreur les maths pour cette raison à cause de mes profs hommes qui m'y envoyaient et me faisaient pleurer parce que je ne voyais rien de ce qu'ils essayaient de me montrer comme évident. Évidence tu es ennemie de la pédagogie ! Mais le mot « maltraitance » me gêne aux entournures car il est galvaudé et biaisé, employé là où il ne devrait pas. Être bienveillant ne signifie pas être démissionnaire face à la contrainte qu'imposent les choix d'une éducation où l'on doit fixer des limites et inculquer des droits mais aussi des devoirs inhérents à la bonne marche d'une société où tout un chacun doit avoir une place. Le « Mouflou » est une nouvelle espèce qui arrive sur le marché. Pas de cadre, aucun repère, aucune envie, aucune tolérance à la frustration, TPMG (tout pour ma gueule), gras du bide et gras du cerveau, qui fait faire aux autres de préférence, qui se la joue collectif quand ce sont les autres qui font à leur place. Ils ont en général comme géniteurs des parents, hélicoptères, bulldozers ou curlings, qui surveillent le territoire forcément hostile à leur petit trésor ou qui balaient devant chaque pas de leur enfant/projection de leur ego pour être sûrs qu'ils n'auront aucune miette sur la trajectoire de leur bambin entravant leur épanouissement individuel. Fixer des repères et des cadres est indispensable mais cela est vécu comme « un traumatisme psychologique » où l'enfant ne doit plus être contrarié sous quelque forme que ce soit. Tous doivent être valorisés et ne pas être frustrés par le moindre échec. Cela me fait penser à l'École des Fans : « Tout le monde a réussi, bravo ! Venez chercher votre cadeau ! ». Je ne crois pas que cela soit positif à long terme, à moins que ce ne soit ce qui est recherché par une société où l'intelligence artificielle sera notre Indispensable Assistant rendant notre vie si agréable en modifiant une réalité « augmentée ». Pourquoi faire par soi-même puisque Dame Machine, Dame IA le fera à notre place ? Le Mouflou sera alors au cœur du système que des ingénieurs auront préparé pour son bien-être absolu, ne supportant plus son semblable, trop imparfait, trop lent, pour lui choisir un meilleur Ami Artificiel conçu sur mesure.

En face de cette tendance se dresse la montée des nationalismes, qui prônent un retour aux cadres mais là encore, cela fiche froid dans le dos. Pour se protéger des manques de repères, beaucoup se réfugient dans des valeurs religieuses ou politiques. Elles chassent ceux qui dépassent d'une norme qu'ils rejettent. On se serre fort pour se protéger en régressant, en reprenant ce qui a été durement acquis au fil des siècles. Là encore ce sont les femmes, les enfants, les communautés à part, les zadistes, les LGBTQ+, les personnes en situation de handicap ou de précarité qui vont en payer le prix fort… « Dendure » versus « Mouflou » : ça nous promet une belle pagaille de régression humaniste. Croire encore et toujours en l'Homme et en son pouvoir de rêver au meilleur car il existe des Résistants Hautement Résiliants. Les HP, neuroatypiques, artistes, Optimistants et autistes font partie du lot, je le veux, je l'espère.

Au sein d'une même famille, d'une même classe, les enfants d'une même fratrie ne vivent jamais les mêmes choses et ne les ressentent pas au même moment, alors autant rester humble et modeste. Raconter une expérience ou un ressenti en toute bonne foi et en jurant la main sur le cœur que c'est la pure et vraie vérité n'est que pure illusion car on refait son histoire, ainsi fonctionne le cerveau. Un parent ne pourra que se sentir profondément blessé du ressenti de son enfant devenu adulte parce que lui, de son côté, n'aura pas vécu la même chose et traitera alors son enfant d'affabulateur ou de mythomane. Il aura oublié un fait, le vécu par son petit jadis comme injuste ou douloureux, pris dans le quotidien où il était, alors que lui pensait bien faire et avoir donné le meilleur et ses plus belles années à son enfant. Humilié, le parent traitera son enfant d'ingrat, de menteur par la suite, jusqu'à ce que la roue tourne. Ainsi va la vie, il faut juste le savoir, en avoir conscience. J'ai appris avec Wonder Psy que nos actes sont la plupart du temps inconscients. Cette simple phrase a bouleversé ma vision du monde et m'a donné une liberté incroyable envers autrui, me délivrant des jugements à l'emporte-pièce.

Jamais intégrée dans les bonnes cases dans quelque milieu que je fusse, et ce, tout au long de ma vie, je trace ma route, comme tout un chacun. J'ignore si cela est dû à mon HP ou à un autisme, mais c'est un fait. J'ai toujours mis fin à une situation, à des amitiés, à des passions pour des études ou des sujets spécifiques une fois le tour fait, pour m'en échapper pour tout un tas de raisons : par lassitude, par épuisement, parce que j'avais été trahie ou manipulée… en quête d'une perpétuelle connaissance de qui j'étais et de comment je fonctionnais puisque ce monde m'était étranger et que j'étais étrangère à ce monde.

Suis-je autiste ?

Maman me détailla dans le menu détail, méticuleusement, avec parcimonie, sans m'épargner aucune souffrance ses accouchements, comme si elle cherchait à me dissuader de devenir mère à mon tour… je l'écoutais bouche bée en me demandant comment une femme pouvait s'infliger de telles douleurs et être heureuse ensuite de devenir une mère épanouie ! Naissions-nous femmes ? Moi je ne m'étais jamais sentie genrée, fille, avec les codes de mon époque dans ce domaine. J'étais « un garçon manqué » ; on avait voulu un garçon, j'étais plutôt une « fille manquée ». Une de mes filles, qui se cherche actuellement dans le mouvement Queer, vient corroborer ce que je ressentais confusément à cette époque. Dame nature m'avait faite fille, je la maudissais suffisamment tous les mois pendant mes règles douloureuses, injustes. Mon identité sexuelle m'était inconnue, étant trop jeune et pétrie de religion intégriste ; je ne me sentais ni fille ni garçon, la question du genre n'étant pas à l'ordre du jour à cette époque-là. Il y avait une profonde injustice de traitement entre les sexes qui me révoltait, étant parfaitement infondée. Je voulais faire du foot, aller chez les pompiers mais cela n'était pas permis aux femmes dans les années 80. Je revois encore mon père se moquer de moi en compagnie des voisins qui venaient juste de construire leur maison en même temps que la nôtre rire de ma volonté affirmée de jouer au foot en club. Ce fut le judo qu'on m'autorisa de pratiquer, mais pas en compétition, c'était trop prenant d'y conduire son enfant après une semaine de boulot harassante et une maison en construction où mes parents faisaient tout par eux-mêmes par souci d'économie.

Interdiction d'avoir les cheveux longs, de faire de la danse, je refusais de porter des jupes, que je ne supportais pas car peu pratiques pour grimper aux arbres et, surtout, pas de lingerie féminine de couleur ou avec des dentelles. Un jour ma mère vint me chercher, me tirer hors de mes jeux – j'étais en train de construire une cabane avec des potes – pour aller m'acheter un soutien-gorge. Elle m'avait menacée déjà de la chose en me disant que mes bouts de seins étaient trop voyants et incorrects et que j'avais besoin de l'objet pour éviter que mes fibres ne cassent et que j'aie les seins qui tombent. Elle m'a toujours dit que « j'étais taillée comme une *Ruscof*, comme ma tante Olga, solide et charpentée, avec ses seins « en forme de poire », le comble de la laideur pour moi… être comparée aux ennemies de maman, sa belle-mère et sa belle-sœur dont on m'avait fait un portrait odieux au fil des ans… je leur ressemblais, décidément, j'avais tout faux, y compris dans mon physique et les yeux bleus de mon père, son profil et sa charpente qui furent mon complexe le plus grand pendant des années. La réplique du Papé dans Manon des Sources me fait toujours chaud au cœur : « Des hanches larges, des bons gros tétés ! » avec des yeux de convoitise. Mes partenaires sexuels en ont plutôt été satisfaits et porter des triplées avec de telles hanches et une bonne robustesse de *Popof* aussi. Maman m'obligeait à montrer l'achat du soutien-gorge à mon père qui devait valider qu'il n'y ait aucune dentelle et qu'il soit blanc. Quand j'ai enfilé ma première jupe à 18 ans, elle devait être au genou, et si elle était trop transparente, je devais mettre une combinaison ou un jupon !

Jamais je n'aurais désobéi à mes parents en quoi que ce soit. Ce domaine de séduction m'était inconnu de toute manière alors, un sous-vêtement était comme une paire de chaussettes, pratique, confortable… pas trop en fait, maman exigeait des armatures ! La torture dura des années jusqu'à ce que j'opte pour des brassières et que j'emmerde les Hommes qui enrubannent les femmes dans de la lingerie dite *sexy* alors qu'ils se précipitent pour ôter les ficelles pour sauter sur le morceau vite fait comme les gosses qui déballent leur cadeau sous le sapin en arrachant le papier cadeau. Pourquoi se casser la nénette et se ruiner dans ce genre de fanfreluches qui boudinent la couenne et assèchent le compte en banque ? Je l'ai fait, comme mes consœurs, me déguisant, dissimulant mes complexes derrière des voiles, des pelures, au lieu d'assumer mon corps tel qu'il était, beau dans sa simplicité et sa nudité, comme celui des statues, salut Eve au

Jardin d'Eden, te revoilà la Gueuse ! Coucou ! À mon âge je m'assume enfin au naturel, comme le thon, mais plus en boîte. Assez de ces diktats et bravo aux jeunes femmes et aux jeunes générations qui se battent pour que de telles oppressions cessent enfin. Nous ne sommes pas des saucissons dans leurs filets ou des boudins emballés, prêts à être consommés en sandwichs et si lingerie on choisit, qu'on le fasse avant tout pour nous-mêmes sans avoir de compte à rendre à qui que ce soit !

Suis-je autiste ?

Chapitre 11
Années 80, je vous déteste !

Les années collège furent un véritable enfer où le mot « harcèlement » régnait en maître absolu. Je fus *l'intello* dans tout ce qui est littéraire, en arts, je fus *« la sérieuse »*, celle qui n'embêtait pas les profs, qui aidait les nuls en orthographe, celle qui voulait trouver de l'humanité chez les adultes, entrer en communication avec des personnes plus matures. Je devins la souffre-douleur de la Principale, surnommée, j'ignore pourquoi, la *Tarzane* par les élèves. Je l'ai toujours appelée « Madame » avec un profond respect mais elle était l'ennemie de mes parents, qui la voyaient à la messe et elle me le fit payer cher au collège en m'humiliant en sixième. Je restai toujours seule en récréation à tel point que ma mère m'offrit un jeu de solitaire pour passer le temps. J'ai tenu une semaine à la cantine et ai supplié qu'on m'y retire. J'ai appris à me débrouiller seule vite. La première fois que je dus faire cuire une côtelette à 11 ans, l'huile prit feu. J'eus tellement peur que je tremblai pendant un certain temps sans m'arrêter. J'eus le réflexe de mettre un couvercle sur la poêle et le feu fut étouffé. Dans les moments où il faut vite réagir, je prends toujours les bonnes décisions froidement, sans paniquer, par instinct. Après je réalise que j'ai eu chaud aux plumes, mais sur le coup, je suis véloce et lucide, froide et raisonnée. J'ai terminé la tarte aux cerises du dimanche midi en guise de repas ce jour-là et n'ai rien dit de peur que l'on me réinscrive à la cantine. J'aurais été capable de fuguer. Je suis fière d'une de mes filles qui l'a fait plusieurs fois du Foyer où on l'a enfermée… une Résistante !

Le collège ne fut que des années de peurs quotidiennes et d'humiliations. Mes parents venaient de faire construire une maison Phénix et comptaient les moindres centimes. Nous n'avons jamais manqué de rien. Maman n'avait que deux robes, qu'elle faisait tourner. Papa était un bourreau de travail qui en ramenait le soir jusqu'à point d'heure pour mettre ses classeurs à jour, et, en plus, il a construit par lui-même une partie de la maison. Il a creusé les tranchées à la pelle et à la pioche, ils ont travaillé à finir tous les intérieurs à eux deux. J'ai une immense admiration pour mes parents qui furent des gens honnêtes, pieux et droits. Ils ont fait leur maximum. Je n'ai plus de contact avec eux pour le moment parce qu'ils n'admettent pas certaines de leurs erreurs et ma quête d'identité les dérange profondément car elle les oblige à se remettre en question, ce qui est, à leur âge terriblement douloureux, voire impossible. Je l'accepte, en souffre terriblement car ils me manquent, mais tout échange verbal avec eux ne serait qu'une souffrance intolérable pour chacun d'entre nous. De plus, je dois travailler avec Wonder Psy et ne pas être en contact avec mes filles pour respecter les préconisations de la Juge. Elles sont en colère contre moi, je dois l'accepter et travailler sur moi-même, savoir qui je suis, comment je fonctionne pour mieux les retrouver ensuite, si elles le désirent. Heureusement que leur fils est là ; il a toujours été la perfection incarnée à leurs yeux, tant mieux pour eux, ils forment un beau trio. J'écris cela à plusieurs reprises sans en éprouver la moindre jalousie, juste une grande tristesse de ne pas être acceptée avec mes différences invisibles parce que non comprises et niées. *J'invente, je me fais des films, il n'y a aucune preuve de ce que je dis, je veux juste avoir raison, comme d'habitude et je prends les gens pour des imbéciles. Je ne mérite juste que quelqu'un qui ait le courage de me remettre enfin à ma place et on aurait dû le faire depuis bien longtemps*. Tel fut le dernier SMS de ma mère.

Durant ces années collège, je fus harcelée à chaque intercours et après les cours, sur le chemin du retour à la maison. Scolarisée dans un collège public d'une petite agglomération de banlieue, dans un lotissement dans lequel les maisons poussaient de terre comme des champignons d'un humus en automne, nous étions tous à peu près du même âge. Il y avait à cette époque une forte émigration portugaise et le racisme était bien présent envers ces ouvriers qui, *c'était bien connu, volaient les sacs de ciment pour fabriquer leurs propres maisons au pays…* ce que je voyais, de mon côté, c'est que tout comme moi, ces filles et garçons étaient tout seuls dans la cour du collège, comme les lents, les non populaires parce que pas assez jolies ou n'ayant pas assez d'argent pour se payer les dernières fanfreluches à la mode.

Mes parents n'ont pas fait d'études et ont été lancés dans la vie active à 15 ou 16 ans. À leur époque, appartenant au Baby-boom, il y avait du travail à profusion, on avait besoin de main-d'œuvre et des diplômes avaient une valeur. Ce n'est plus vraiment le cas aujourd'hui, mais tel n'est pas mon propos. Mes parents ont toujours voulu que mon frère et moi travaillions bien en classe, fassions des études et devenions « fonctionnaires », la voie royale à leurs yeux et à cette époque. Nous avons répondu aux attentes parentales l'un comme l'autre et vraiment trouvé notre voie dans nos métiers respectifs. Mon frère était un petit gros capricieux, feignant, doué, qui adorait se faire assister par les femmes de son entourage immédiat. Un vrai pacha. Moi, je devais le défendre et le protéger, le surveiller pour que rien ne lui arrive à tel point que je devais aller casser la figure aux petits caïds qui lui faisaient peur. Il était vraiment très doué en classe.

Il n'avait nullement besoin d'apprendre ses leçons, il retenait tout immédiatement en classe.

Moi j'étais une élève laborieuse, qui mettait du temps à comprendre ce qu'on lui expliquait, qui épuisait la patience des professeurs qui, je le savais, me trouvaient stupide. Je me donnais à fond, essayant de toutes mes forces de comprendre ce qu'on tentait vainement de m'expliquer.

En général, je ne parvenais à saisir ce qui m'était demandé par tous ces interlocuteurs qui avaient tous leurs exigences, leurs attentes et leurs personnalités qu'au troisième trimestre, passant alors de justesse dans la classe supérieure. Aller au collège était épuisant mentalement, physiquement et psychologiquement. Dès qu'on nous prévenait qu'il y aurait un contrôle dans une matière donnée, je sortais malade et je ne vivais plus jusqu'à l'évaluation, comme si ma vie en dépendait. Je vouais un culte de respect à l'adulte en règle générale, tels étaient les principes qui m'avaient été inculqués. La menace venait en plus des autres élèves de ma classe et des moments de récréation. Où se réfugier pour récupérer ? Ne pas penser aux toilettes. Les filles s'y agglutinaient, monopolisaient les miroirs et les lavabos pour y dire des bêtises et dès que j'en franchissais la porte, elles se taisaient pour me toiser du regard, l'air méprisant, et je savais qu'il valait alors mieux pour mon matricule de déguerpir. Aller aux toilettes, pas la peine, je pouvais tenir jusqu'à midi puisqu'il m'avait été accordé le droit de déjeuner chez moi. J'ai naturellement rejoint le groupe des exclus, une Portugaise et une élève en situation de handicap, légèrement en retard cognitif. Les garçons ne furent pas longs à s'associer avec les filles à la poitrine naissante pour bien se faire voir d'elles et obtenir une chance de les tripoter. À chaque intercours ou début de cours, pendant toutes mes années de la cinquième à la troisième, certains se sont acharnés à m'humilier, à fracasser ma trousse contre les murs, à se moquer de mon physique, de mes résultats, de ma personnalité et à essayer de me proposer aussi de sortir avec moi en sachant que je hurlerais « non ! ».

Comique de répétition ? Harcèlement en pure et due forme. Pire, le soir à l'écart du collège, juste à proximité de ma maison, il y avait un chemin qui marquait la séparation d'un groupe de copains des différents endroits où ils habitaient. Ils s'arrêtaient là pour discuter avant de se séparer et moi je ne pouvais pas faire autrement que de prendre cette route. Tous les soirs, ils me criaient des insultes et se moquaient de moi ! Tous les soirs j'avais peur d'eux, de ce qu'ils allaient inventer, de ce qu'ils pourraient me faire. J'eus la chance qu'un garçon me prenne en pitié et décide un jour de me raccompagner. En fait il était amoureux de moi en secret mais je ne le compris jamais et de toute manière, mon éducation catholique m'interdisait de fréquenter un garçon et ne surtout pas flirter ! Maman avait été très explicite sur le sujet, mais j'y reviendrai. Christophe a été amoureux de moi pendant des années et un jour, sans le vouloir, je l'ai profondément blessé mais je n'ai jamais été amoureuse de lui. Il m'a protégée de ces imbéciles et je tiens à prononcer son prénom pour le bien qu'il me fit durant ces années collège qui furent un calvaire pour moi. Il fut mon seul protecteur courageux et personne n'osait lui répondre car il aurait été capable de se battre pour me défendre. Le harcèlement fut cruel de la part des filles, surtout des plus stupides qui ne firent jamais d'études. À cette époque, être à l'aise en Lettres, Arts, sport et langues et pas « bonne en maths et physique » signifiait être stupide. Les enseignants avaient même envisagé un cycle d'apprentissage en qualité de vendeuse (peu encline à entrer en contact avec les autres, idée remarquable d'orientation…) en fin de cinquième tellement ils me jugeaient stupide. Ma mère s'est battue pour que je fasse un cursus scolaire classique et que je ne parte pas en apprentissage. Mes parents se sont ruinés en cours de maths particuliers, et j'avais vraiment honte de ne rapporter que des notes minables aux contrôles. Tout a pris son sens en classe de première où j'ai bien dû aller par défaut, puisque trop nulle en maths, après un redoublement inutile. J'eus un professeur de Lettres merveilleux et je voulus devenir comme lui, enseignante. *Le Cercle des Poètes disparus* ne fut qu'une confirmation de cette vocation naissante qui ne m'a jamais lâchée. J'adore mon métier et je serai triste quand sonnera l'heure de ma retraite. Mes élèves sont de petites pépites de bonheurs simples qui me comblent de joies quotidiennes. Ce métier est purement passionnant, ne se répète jamais, me lance en permanence de petits défis à relever à tel point que je m'ennuie pendant les vacances.

Maman voulait à cette époque maudite que je lui ressemble point par point. Elle avait les mêmes bottes, pull chauve-souris horrible aux épaules carrées de déménageurs, et surtout, comble du supplice pour moi, elle dépensait une fortune pour me permanenter les cheveux chez la coiffeuse de notre agglomération de banlieue-dortoir. Un vrai mouton caniché ! La patronne du salon ressemblait à un chef d'orchestre qui surveillait comme une mère macrelle ses filles, toutes maquillées comme des voitures volées, la crinière aux couleurs plus que douteuses. Ce qui me faisait pouffer de rire en revanche c'était lorsque j'entendais la mère macrelle dire « Pour vous Mesdames » et les autres de répondre en chœur bien niaisement « Merci Madâââme ! ».

Je ne savais pas à cette époque que c'était un pourboire, mais le rituel m'amusait follement, c'était le seul. D'ailleurs je me suis fait expliquer longuement ce qu'était un *pourboire* et comment il se pratiquait. Tout le monde finissait un troquet à la fin de la journée ? Elles buvaient quoi au passage, que pouvait boire une coiffeuse ? J'aime autant vous dire que j'y ai souvent réfléchi, les cafés étant aussi des endroits maudits pour moi, de toute manière, je ne pouvais pas y aller au collège, mais je n'irais pas plus au lycée ou à la fac.

Je haïssais cet endroit, ce salon de coiffure, et de toutes mes entrailles. Il embaumait le factice, le mauvais goût, le superficiel, les cancans de bonnes femmes et surtout, surtout l'odeur âcre, acide, intolérable que les produits capillaires exhalaient, qui se muaient en une danse tribale endiablée, guerrière dans mes narines ; la gorge et le nez me brûlaient, ma tête allait exploser.

Mon crâne restait irrité jusqu'au sang des semaines entières tellement que j'en avais des rougeurs, qui agonisaient en croûtes, que je grattais avec frénésie tellement elles démangeaient ce maudit crâne en surchauffe. Les femmes de ma génération ont tellement été dégoûtées par ces « permanentes » que la mode ne prend toujours pas. Il y a une limite au « il faut souffrir pour être belle », proverbe à mon sens incarnant à lui seul le comble de la connerie et du machisme en bande organisée. Je n'ai jamais admis cette expression, surtout qu'après, je ressemblais à mon caniche. On se payait ma tête en classe, dans ma famille, parmi mes cousins et immédiatement de retour à la maison, je me lavais les cheveux en pleurant de rage et de douleur pour me débarrasser des frisettes qui ne disparaîtraient qu'à la repousse du cheveu, les salopes, je le dis, mais surtout de l'odeur acide qui me provoquaient des nausées intolérables.

J'ai supplié maman de ne pas y retourner mais elle voulait que je lui ressemble. Ce fut un des pires souvenirs de mon adolescence. Je souris toujours quand j'observe mes chiennes qui se roulent dans les déjections ou charognes à peine lavées, et je ne les dispute jamais, limitant autant que possible de les doucher, solidarité de femelles qui se respectent les unes les autres, la puanteur des produits chimiques ne passera pas ! No pasaràn, le remake.

La décoration de ce salon était une injure à l'harmonie et à la zénitude ; criarde, à la mode des années 80, moche, archi moche et encore mégamoche ! Dans les années 70, l'orange était partout, la décennie suivante, ce serait le *saumon* et le marron. Que l'uniformité soit et l'uniformité fut. Moi je le dis haut et fort, être à la mode, c'est ne jamais l'être. Au moins quand on regarde ses anciennes photos, on ne s'en trouve pas plus mal. Je n'expose chez moi aucune photo. Je n'en vois pas l'intérêt et il m'est toujours extrêmement douloureux de passer devant ce type témoignage du passé, car toutes les sensations, en général mauvaises, toujours intactes dans mon corps, remontent en bloc à la surface. Elles sont rarement positives. Quand nos jeunes générations se trémoussent sur ces musiques, j'ai littéralement envie de « gerber ». Joli mot, une gerbe de glaïeuls bien visible, *intestinalement* venue des profondeurs de ces douleurs physiologiques encore prégnantes dans leurs moindres détails dans ma chair et ma mémoire olfactive. Maintenant, on fait dans la déco zen attitude, je me demande si ce n'est pas pire. Le mauvais goût déguisé en pompe à fric. Quand je vais me faire arracher le poil pubien par une tireuse de poils conventionnée formatée à la conversation préfabriquée avec laquelle je tente d'entrer le plus délicatement possible en conversation en restant calme, j'essaie de me contenir pour plusieurs raisons. D'abord je suis enfermée dans une cabine sans fenêtre, totalement close, sans air pur, frais, normal quoi. Du vrai air. Ensuite, les lumières sont atrocement agressives. On dirait des yeux globuleux et inquisiteurs qui sont là pour vous aveugler et vous faire avouer tout ce qu'ils souhaitent car je parlerais volontiers pourvu qu'il y ait une lumière tamisée et non blanche fluorescente à vous crever les pupilles. Puis le miroir vous indique sadiquement les moindres bourrelets de votre cellulite de quinquagénaire, bien qu'à peu près sportive, qui tire la langue en bougeant le plus possible sa carcasse boulotte. Je n'ai jamais aimé ce corps parce que trop féminin, avec une bonne grosse poitrine de mama italienne et des hanches qui m'ont bien été utiles, certes, pour porter mes triplées, là je les ai remerciées les bougresses. Dans toutes les cabines, dans tous les reflets de miroirs, j'évite de regarder ce corps. Certes, j'en prends soin parce que c'est avec ce véhicule que je dois aller jusqu'au bout du voyage, mais je l'envisage comme une voiture, à entretenir et à envoyer chez le garagiste pour des révisions régulières afin d'éviter les pannes sur le bord de l'autoroute ou en rase campagne. De toute manière, j'ai bien compris que personne ne s'arrêtera pour te dépanner, et que si tu n'es pas bien équipée, si tu n'as pas de roue de secours ou une bonne caisse à outils, tu es dans la mouise jusqu'au cou.

Gouverner c'est prévoir, voyager c'est être prévoyante, surtout quand tu es seule au monde et différente, pas franchement appréciée. Pour en revenir à la cabine des arracheuses de poils et de points noirs, la totale, je simule la conversation, les bras sur les yeux, car la lumière est intolérable. Ajoutez à cela une musique factice d'airs musicaux qui se veulent zens et ethniques et là, c'est *la cerise sur le cocotier*. Tant qu'à faire, autant que mon expression soit aussi exotique que cette musique ! Elle sort d'où cette fumeuse musique en boîte ? Japonimaghrebine par jour de pluie normando-bretonne, guitare et flûte des Andes en prime ? Ah, j'ai oublié le piano, Richard Clayderman serait Mozart à côté et on pourrait décerner un prix d'interprétation de Conservatoire à toutes les musiques d'ascenseur ! Soyons un peu sérieux, certes, on se fait maltraiter le kiki, c'est pas glamour le poil et le point noir, mais quand même, inutile d'en remettre une couche avec la zénitude préfabriquée ! Je suis prête à me foutre des baffes quand je me remémore le jour où j'ai eu la suprême idiotie de demander un soin du visage d'une durée d'une heure, avant l'épilation totale du maillot, poil, pourquoi tu repousses ?! Non mais qu'est-ce qui m'a pris ? Je refuse tout massage du cuir chevelu chez ma copine coiffeuse qui a gagné ma confiance (la seule) mais celui du visage, c'est pire ! Rester sans bouger dans ce cercueil, cette capsule spatiale blanche à la lumière qui me donne des migraines, et voir la menaçante extracteuse en blouse blanche s'approcher de ta sphère intime, index en avant, pour y traquer, déloger, extirper tes pauvres points noirs qui vivaient peinards sur ma tronche de cake ; pauvres petits, j'ai été une bien vilaine fille avec vous ce jour-là. En général, vous disparaissez avec le chlore de la piscine ou mon savon de Marseille abrasif et j'en fais pas tant d'histoires, vive le renouvellement cellulaire ! Mes petits chéris, plus jamais je ne vous referrai cela. « Vous ne mettez jamais de fond de teint ? Vous ne semblez pas beaucoup vous maquiller », me dit-elle, la gueuse. Tu sais où tu peux te le garer ton fond de teint, toi avec qui je déploie des trésors de patience pour faire la conversation en évitant de répondre à tes questions préapprises parce que ma vie privée ne te regarde pas, toi dont je flagorne le travail, toi à qui j'ai envie de retourner une baffe avec ta pince à épiler quand tu as loupé ton coup en tirant mal sur ta cire et qui m'en laisses toujours au fond de ma culotte quand je repars de ta cabine spatiale ? Toi et tous tes produits chimiques qui polluent la peau, la nature, la seule barrière qui est censée nous protéger des agressions du monde extérieur, tu voudrais que je la masque avec tes merdes hors de prix ? *Avec vos points de fidélité, je vous propose un produit* ? Non, pas de produit d'entretien de la peau ! On plante des arbres pour que la planète respire ! Laisse-la respirer ma peau, comme notre chic planète, je suis juste là pour que mes poils me gênent moins dans cette maudite culotte que j'ai décidé de prendre plein de tailles au-dessus de ma bonne vieille couenne pour avoir la paix avec elle !

En fait, j'ai une trousse pleine de *produits d'entretien* de la peau, je pense qu'ils méritent bien cette appellation d'origine incontrôlée, en me disant quelquefois qu'il faudrait que je fasse des efforts pour être une femme digne de ce nom, surtout quand je regarde les Reines du Shopping ou des tutos sur le web. Velléité de femelle, rentre dans le rang ma vieille, fais un effort, me dis-je parfois. Mais non, vraiment pas, je ne supporte pas de me tartiner la tronche d'une couleur sable cracra et de tricher avec Dame Nature. Si les crèmes marchaient, il n'y aurait plus de vieilles et de vieux ridés dans les rues. Il n'y a qu'à ouvrir les yeux. Quant à celles qui se démaquillent le soir, au vu de ce qu'elles empilent comme couches, je suppose qu'elles doivent le faire à la spatule en se raclant méticuleusement la façade, parce que moi, avec un simple coton recyclé, je n'y parviens pas du premier coup… mais je suis une idiote en la matière, je m'incline respectueusement face à mes adversaires comme en fin de combat d'art martial. En faisant régulièrement du sport, la tronche rougeaude, dégoulinante de sueur, le maquillage, il vaut mieux l'éviter si on ne veut pas finir en clown qui serait tombé dans un bassin. Quelquefois, je tente de maquiller vite fait yeux et bouche en mode baume à lèvres, mais me frottant régulièrement les yeux, je finis inéluctablement par avoir des yeux au beurre noir. J'admire vraiment l'art et la patience des femmes qui maîtrisent l'art de se faire belles et désirables. J'admire celles qui sont fières d'elles, élégantes, qui marchent droites, qui en imposent par leur déhanché, l'art de suggérer, la séduction de celles qui disent juste ce qu'il faut pour aguicher le mâle au garde à vous, langue pendante devant elles et qui le savoure, celles qui se sentent toutes puissantes. J'apprends à marcher moins voûtée. J'imagine qu'une main me tire par les cheveux, m'obligeant ainsi à me tenir droite, je redresse les épaules et je bascule de bassin. Il me faut toujours passer par la tête, la réflexion pour marcher en relevant la tête, cesser alors de regarder par terre et fixer l'horizon. Sans cette prise de conscience et cette analyse du bon geste, je fais la tour de pise en avant, je « marche en me grattant les genoux », expression de ma gentille maman. J'essaie de regarder droit devant, de m'y forcer, en scrutant l'horizon ou le prochain carrefour pour changer cet instinct d'Homo Sapiens qui vient juste de franchir le cap de l'Homo Erectus…

Autre source de masturbation intellectuelle douloureuse, la déco de table, la déco tout court d'ailleurs ; c'est pourri chez moi et je n'aime pas que les gens y viennent, pas à l'aise de dévoiler mon intérieur ; la mode, je ne sais pas faire. Pour m'habiller, j'entre dans un magasin, toujours les mêmes, œil de lynx, vélocité d'aigle, taille connue, vêtement confortable, coupe large et qui ne gratte pas, couleurs dans les mêmes tons. Je calcule plus que j'essaie. J'observe ce qu'il y a sur les mannequins et me force à essayer quelque chose que d'instinct je n'aurais pas osé essayer, me faisant violence. Je trie vite fait, j'élimine grande vitesse et je ressors le plus rapidement possible. Les cabines d'essayage sont des endroits d'où j'ai toujours envie de me sauver en courant, mon rythme cardiaque s'intensifie, je sue, je panique, je m'autodévalorise, mais je dois ressortir victorieuse du défi. Je pense être correctement déguisée pour aller au boulot et être dans la norme d'une femme de mon âge. Le soir rentrée, après avoir passé une demi-heure dans la voiture protégée dans mon garage en phase bocal ou sas de décantation, rituel immuable, je saute frénétiquement sur mes ciseaux et scrupuleusement, j'enlève les étiquettes, la langue sur le côté car je suis bigleuse… il y en a des myriades de ces sales petites pestes, avec leurs coins qui piquent comme des aiguilles. Je les découds carrément car le bout coupé gratte toujours, comme s'il cherchait à venger ses copines, ou son amputation. Ce petit bout blanc qui reste accroché comme un pou sur sa gale, et qui brandit fièrement l'étendard de son peuple massacré pour une cause injuste, au paroxysme de sa résistance jusqu'au sacrifice suprême. Encore une guerre de terrain à gagner sur le paraître. Récemment j'avais mis un t-shirt en coton dont l'étiquette n'avait pas été enlevée, j'ai tenu une heure. J'ai demandé en vain des ciseaux à mon entourage, mais nous étions tous en réunion et j'ai fini par l'arracher, folle de rage, devant mes collègues médusés qui se demandaient pourquoi j'étais aussi rouge et en colère. Si j'avais pu, j'aurais enlevé immédiatement ce vêtement, mais en soutien-gorge le jour de la prérentrée, c'est pas trop permis. Remettre des chaussures couvertes aussi après des mois de pieds en liberté nécessite moult précautions. Je me demande comment font les femmes qui se trimballent avec de minuscules sacs à main et qui en changent en fonction de leurs toilettes ! Pour vider mon sac, il me faut des plombes. Un vrai sac de survie en milieu hostile. Des bouchons d'oreilles de deux types différents en passant par les pansements pour mes pieds qui souffrent dans leurs godasses pourtant bien choisies chez les petites mémés avec des oignons, les différentes lunettes de soleil ou de vue, la trousse de secours (un petit garrot ou de quoi faire un pansement compressif d'urgence, on se sait jamais) et le matos pour l'identité et le paiement, sans compter de quoi lire ou écrire… bref, le nécessaire de survie pour m'occuper sainement la cervelle et assurer le temps de me réfugier à la maison. De toute façon, nous les femmes, nous transportons toujours les affaires de ces messieurs qui n'ont pas de poches assez grandes, alors autant prévoir un bon sac à dos ou un grand sac pouvant contenir une gourde recyclable, bien sûr. J'ai abandonné la bombe anti-agression et mon couteau de survie de secouriste coupe ceinture et brise vitre, il est resté dans la voiture, car ces petits bidules m'ont valu quelques ennuis aux portiques et aux concerts. Je sais, je pousse le bouchon un peu loin avec mes sacs, mais bon, faut ce qu'il faut. Ah, j'oubliais la cuillère, toujours utile pour un plat ou un gâteau sur le pouce et quelques médocs, le tout sur un épais matelas de tickets de carte bleue ou de caisse que je ne regarde jamais, ayant une sainte horreur des chiffres.

J'ai deux aspects en moi : ce méchant électron libre, qui survit comme du chiendent, qui pourrait mourir pour défendre une cause juste et vraie et la petite fille fragile qui a peur de tant de choses, profondément perdue et qui se tait parce que le vaste monde a des codes qu'elle ne comprend pas ; elle procède par tâtonnements pour essayer d'y survivre en mode camouflage. Je n'ai aucun reflet de moi-même. Quand j'essaie d'expliquer cela, personne ne comprend ce que je veux dire… c'est frustrant, paniquant, mais j'ai fini par me faire une raison ou bien je vais en crever.

Suis-je autiste ?

Chapitre 12
Sexe et violences en bonne et due forme

Ma mère m'a volé une partie de ma jeunesse et de mon innocence au nom de la religion dans ce qu'elle a de plus infâme et castrateur. J'étais timide et romantique, vivant de nature, de musique classique, de chanteur Français dont je savourais les paroles intimistes, de lectures et de sport pratiqué individuellement. Éviter autant que possible les groupes, les cafés qui empestaient la cigarette, les boissons qui piquent, qui sont trop sucrées, le café qui me provoque toujours des hauts de cœur, et les retrouvailles de copains qui racontent des trucs bizarres, ces groupes qui ne risquaient pas de m'y convier au passage. Maman décida un jour que je devais sortir de la maison et sélectionna pour moi mon groupe de *fréquentations bien comme il faut*. Une fois ma grand-mère décédée, elle décida de me déloger de mes habitudes confortables, de mes lubies dangereuses comme celle de vouloir devenir Chauffeur routier et de m'imposer un tout autre milieu. J'étais passionnée par les camions américains, la country music, *Les Routiers sont sympas* que j'écoutais tard le soir en secret, leur solidarité surtout me plaisait. Ils formaient un groupe auquel je m'identifiais, seuls à bord de leurs camions flamboyants, à sillonner des routes, libres et autonomes. Ma chambre était tapissée de posters de camions, je ne vivais que pour cette passion singulière. Lorsque j'évoquai le désir de partir en apprentissage pour faire ce métier, je me vis répondre « Passe ton bac d'abord, on verra après, ce n'est pas un métier pour une fille ».

Mes parents, très pieux, découvrirent une communauté religieuse de moines et en devinrent de fervents adeptes. J'y passai mes week-ends entiers dans cet endroit et vécus presque comme eux. Nous rentrions tous dormir chez nous le samedi soir mais y retournions le lendemain matin jusqu'aux Complies. Ce fut donc tout naturellement que j'intégrai des camps de jeunes pour les enfants qui deviendraient à leur tour, de parfaits adeptes de cette communauté, puisqu'il y avait de fortes chances pour qu'ils se marient entre eux. Ils participaient tous au même formatage et mes parents faisaient tache car ils n'avaient pas fait d'études et appartenaient au milieu ouvrier moyen. Cette communauté rassemblait des intellos, un père ingénieur friqué avec particule, une ribambelle de mioches, en moyenne six, une mère soumise au foyer, des versaillais pour la plupart, dans l'Enseignement Catholique, normal. J'y appris le Kto Langue Courante. Ce n'est pas une plaisanterie, loin de là. Ce monde est singulier et y entrer demande un formatage. Il y a des troupeaux de brebis distincts chez les croyants. On ne les mélange pas, même s'il y a un pape à leur tête et une hiérarchie bien définie du qui fait quoi et comment. Les femmes ne sont pas encore à la hauteur des hommes et j'ai souvent dit qu'elles étaient parfaites pour faire le ménage chez l'évêque ou s'occuper des tâches ingrates que les hommes avaient la bonté de leur laisser. Comme pour le bricolage familial. Papa a bricolé avec mon frère, entre hommes en lui fabriquant deux maisons, et malgré ma demande de pouvoir apprendre et utiliser la perceuse ou la scie sauteuse, non, moi je faisais le décapage des fenêtres, la peinture et le papier peint. Idem pour les femmes dans l'Église Catholique. J'ai rencontré peu de religieuses qui ne nous fassent pas payer le prix du sacrifice de leur sexualité et de leur maternité pour avoir épousé le Christ. Une bande de sacrées peaux de vaches. Mais il y a des exceptions qui confirment la règle, non ?

Ma bonté reprend le dessus en écrivant cela…

Les croyants sont aussi rêches et souples d'esprits que les militaires d'une caserne. J'ai appartenu à cette caserne pour m'en échapper par la petite porte et ne plus jamais y revenir. Cela n'a en rien effacé ma spiritualité. Religion et spiritualité ne sont à mon avis pas loin d'être diamétralement opposées. L'une tend vers l'immensité, l'autre vers la restriction à des dogmes figés. Il y a un bout d'éternité et de puissance universelle infinie dans toutes les religions mais les pratiques ritualisées, les lois et les dogmes en gomment leurs sources bienfaitrices indispensables à l'Homme qui se cherche. Les Hommes ont tous utilisé la soif de spiritualité inhérente à chacun d'entre nous qui a une petite voix intérieure pour les asservir par le biais de la religion en bande organisée, pour mieux servir leurs propres intérêts matériels sur terre et passer à la postérité par ce biais. On ne peut pas dire que ce soit une chose mauvaise en art ou pour la naissance des cultures et des peuples, tout dépend de ce qui est pratiqué par tout un chacun sur le terrain et du respect du Samaritain qui tend la main sur le bord du chemin…

Lors des cérémonies, je frémis, en littéraire, quand j'écoute des psaumes. La vache, ils ne rigolent pas avec le sang, les tripes et les boyaux. Dieu est vraiment un brave gars et nous de pauvres détritus. Quand on nous dit qu'il n'est qu'amour et qu'il a créé l'homme à son image, je sais, je ne suis pas exégète, mais quand même… ça me défrise, même si je ne subis plus de permanentes. Le déni de notre carcasse aussi, et le statut des divorcés et des homosexuels ne rendent pas très nette la soupe. La confession aussi me dérange pour l'avoir beaucoup pratiquée.

On m'apprit à coudre, à me méfier des Beatles, sataniques, comme des groupes de hard rock, à prier plusieurs fois par jour, à ne pas utiliser de tampons avant la perte de ma virginité dans le mariage, à devenir mère au foyer et à épouser un ingénieur, à adorer le Saint-Sacrement devant lequel je ne devais pas faire de bruit, réciter le Rosaire (soit 5 chapelets, ouais, c'est beaucoup) et à porter des jupes, pour la première fois de ma vie, et des jupes-culottes pour marcher en montagne ! J'ai été une très bonne chrétienne qui aurait pu évangéliser tout autour d'elle au lycée. Mes parents étaient tellement fiers de moi ! Cheveux longs, médaille miraculeuse autour du cou, jupe bleue marine, chemisier, gilet, sandales en cuir ou bien ballerines plates, la parfaite Kto pur jus estampillée sur la fesse droite (diantre, j'ai écrit le mot *fesses* !). Non, pas *la fesse*, pas bien le corps. Je n'avais pas de désir sexuel non plus au passage. J'ai été platoniquement amoureuse de mon voisin pendant huit ans… j'en rêve encore quelquefois la nuit, de cette maison, de cet amoureux que je viens chercher mais sa maison est vide, elle a été abandonnée, je ne le retrouve jamais. Je rêve souvent aussi que je repasse le bac, mais que je ne peux pas assister au cours de mes collègues parce que je suis occupée, que je ne vais pas y arriver mais que tout baigne car je l'ai déjà, donc, si je rate des épreuves, je peux quand même poursuivre mes études. Idem pour les études supérieures… un sentiment permanent d'illégitimité. Cette communauté religieuse fut condamnée pour des viols sur mineurs et tant mieux. Je ne remuerai pas cette boue immonde.

Ma mère avait une fascination pour un jeune religieux qui nous donnait des cours de théologie le dimanche. Je hais les uniformes sous quelque forme qu'ils se présentent. Policiers, pompiers, médecins, militaires, religieux en habit me filent, je le clame haut et fort, la gerbe ! L'habit, l'uniforme pour mieux impressionner, fasciner, mes fesses ! Ce ne sont que des hommes comme les autres en tenue plus ou moins pratique, qui sèche mal et fort peu confortable… l'habit ne fait pas le bonhomme, encore moins le moine.

Ce frère était très laid physiquement, il me dégoûtait avec sa manière qu'il avait de se frotter les mains comme Fernandel et son sourire stupide en coin… mais il était un beau parleur verbeux, baveur de théories de son cru, peu séduisant avec deux dents cassées sur le devant, maigre comme un poulet rachitique aux jambes arquées, au corps squelettique. Rien dans les muscles, tout dans le bec et dans la tronche. Je le trouvais laid. Ma mère le considérait comme son fils et il l'appelait « ma petite maman ». Il fut refusé à devenir profet perpétuel, l'étape qui pouvait le mener au diaconat puis à la prêtrise. Il démissionna, humilié, et il décida de jeter son dévolu sur moi. J'avais 17 ans et ne vis rien venir. J'étais secrètement amoureuse du jeune prof de maths de mon lycée encore étudiant, qui m'avait aussi repérée. Il avait le même âge que celui à qui on me destinerait… Ma mère considéra qu'il ferait un bon parti pour moi. Comme à son habitude, mon père suivit le mouvement. Comme j'avais redoublé ma seconde, mon mariage n'eut lieu qu'à la fin de mon lycée. Je fus mariée l'été de mon bac, inscrite à la Sorbonne car ce type, sortant du monastère, enseignerait le catéchisme dans des écoles privées parisiennes pour nous faire vivre.

Il promit à ma mère de me faire finir mes études de Lettres, la main sur le cœur. Quand je repense à cette époque, je dirais que je ne comprenais rien au sort qui m'était réservé. Je faisais partie d'un univers qui ne me demandait pas de réfléchir, je suivais le mouvement. Je crois que ce fut le seul moment où je me sentis appartenir vraiment à un groupe soudé sans faire tache sur le tableau. Les consignes étaient claires, le cadre strict mais facile à suivre. Je n'éprouvais aucun désir sexuel et jamais je n'aurais songé à désobéir à ma mère parce que je réalisais ce qu'elle voulait de moi, j'étais sa fille parfaite. D'ailleurs, dans l'église de ma ville de banlieue, j'étais un objet de fierté locale. On m'exposait comme une jeune fille dont on ne pouvait que suivre l'exemple et j'arrivais vierge au mariage ! VIERGE !

Je n'avais jamais embrassé un garçon, ma mère en aurait été folle. Un jour où je lui ai parlé de mon amoureux secret, j'ai cru qu'elle allait s'évanouir : « Tu crois qu'il va te demander quoi au juste, si tu commences à sortir avec lui, hein ? S'il t'embrasse, tu sais ce qu'il va se passer dans son corps et ce que tu vas faire après ? ». Moi je ne savais pas ce qui pouvait bien se passer chez les garçons, je ne voyais pas où était le problème, j'avais 15 ans, et j'aurais bien aimé avoir un ami ou un amoureux à moi. Pourquoi pas moi ? Ma solitude et ma différence étaient déjà si immenses. Ma maman fit encore ce qu'elle put de son mieux : de jolies fiançailles comme les siennes, un mariage où rien ne manqua, ma robe fut superbe, aucun décolleté indécent, « une vraie vierge offerte à son pur époux », de vraies fiançailles « chrétiennes » dans le respect de la chasteté avant le mariage. Nous étions en 1989… je tremble d'effroi quand je vois ressurgir de telles pratiques dans de nouvelles religions qui reviennent en force ou quand j'entends le communautarisme bien-pensant religieux qui sert des pouvoirs politiques extrémistes, peu scrupuleux et les bruits de bottes qui l'accompagnent. Je frémis quand, aux USA, le droit à l'avortement recule et qu'à notre frontière, les mariages sont encore arrangés et les dots sont encore monnaie courante ! Ces mères ne sont pas des monstres tout comme la mienne ne le fut pas, et loin de moi l'idée de juger qui que ce soit. Que chacun se fasse son opinion. Je raconte simplement ce que je vécus à cette époque-là sans juger maman.

Elle prit un soin tout particulier à m'acheter un voile très onéreux brodé de fines roses destiné à faire office de voile et de protection pour le berceau de mon futur premier né. Elle n'oublia pas de jolis sous-vêtements pour la nuit de noces parce que sa propre mère ne lui en avait pas offert et ce fut un regret lors de sa nuit de noces à elle. Quand j'évoque cela, je suis émue de tous les efforts et les attentions qu'elle me manifesta. Elle compléta mon trousseau, m'acheta tout ce dont j'avais besoin pour me monter en ménage et je pus finir de constituer le service de verres qu'elle avait commencé à me compléter à tous mes Noëls depuis que j'étais devenue jeune fille. Elle nous trouva un joli studio au pied de la Butte Montmartre, je pourrais ainsi finir mes études et nous fîmes même la queue toute la nuit sur le trottoir pour être les premiers à m'inscrire à la Sorbonne Nouvelle… comment en vouloir à une mère de rêver du mieux pour sa fille et respecter ainsi la tradition familiale ? Comment ?

Mais il y eut un rouage dans l'engrenage qui ne fut pas prévu au programme. La petite peste qui m'avait harcelée au collège était présente à ce mariage et mes amoureux transis aussi, dont Christophe. J'en avais beaucoup, mais j'étais à mille lieues de m'imaginer que je pouvais plaire à des hommes. Le sexe opposé représentait un groupe d'humains comme moi, avec lesquels j'échangeais, je parlais naturellement et qui m'acceptaient avec mon caractère spécial et pour cause, ils étaient amoureux de moi, mais je ne le savais pas. La séduction, le sexe, le désir m'étaient inconnus et le demeureraient encore longtemps. Ce mari imposé inconsciemment par le poids de la religion et de la famille parfaite à fonder à mon tour dans la chaîne féminine, dans l'histoire de la lignée des femmes de ma famille maternelle était en réalité un pervers narcissique. Je ne l'ai compris qu'il y a cinq ans de cela car à l'aube des années 90, ce terme n'existait pas. Une fois arrivée dans mon studio parisien du 18e arrondissement, à peine la porte fermée, mon cauchemar commença et pas des moindres. Il commença en ces termes : « Tiens, voilà un plan de Paris et du métro, deux tickets, tu prends les papiers et tu vas nous inscrire pour obtenir des allocations logement. Maintenant, tu vas arrêter de jouer les filles gâtées, tu vas te débrouiller seule et m'obéir, je ne veux pas t'entendre te plaindre ! ». Me plaindre, je ne l'avais jamais fait, j'ai trouvé mon chemin dans le métro, et j'ai déployé des instincts de survie incroyables. J'eus peur dès que la porte s'est refermée sur moi. J'avais affaire à une tout autre personne : froide, cynique, le visage fermé, la voix glaciale. À l'extérieur, il était blagueur, souriant, bavard, solaire, gentil. Une fois la porte de ma prison close, il me frappait, m'humiliait, m'empêchait de vivre, de manger, de dormir, de travailler mes cours et je m'éteignais à vue d'œil sans que personne ne le soupçonne mais je ne disais rien, je ne me plaignais pas. J'étais la victime toute désignée et parfaite parce que j'avais déjà été habituée à prendre des coups sans rien dire, sans me plaindre. Mon frère et ma mère pouvaient se plaindre, pas moi. Durant ces mois de calvaire, je ne dis rien de la réalité et du danger auxquels je dus faire face. Durant nos courtes fiançailles, où ce furent mes parents qui m'achetèrent une bague et une médaille pour ce sale type désargenté, j'avais déjà reçu une claque, avait été saisie violemment par les épaules et secouée plusieurs fois, car ma façon de lui parler lui avait déplu. Je n'en parlai à personne car il me fit vite comprendre qu'il était la victime de mon agression verbale, et qu'une réaction pareille n'était que légitime et normale, mes parents m'ayant souvent fait remarquer que j'avais des réactions trop vives et inappropriées. Il se devait de me le faire comprendre, comme le faisaient mes parents. J'avais donc tort, c'était pour mon bien. Je ne dis donc rien. Si un homme de cinq ans mon aîné, plus expérimenté, tout droit sorti d'un monastère, qui l'avait quitté *par amour pour moi* me le disait, en parfaite future épouse, je me devais de lui obéir et de la mettre en veilleuse. Ne rien dire, tout supporter, bien soumise. Toutes les autres fois où j'allais recevoir ses coups, je ne dirais rien à personne. Je ne parlerais que dix années après. Dans ce petit studio, il avait construit une mezzanine avec du bois de récupération, une table faite de bois de palettes, et un superbe autel de prières occupait une partie de la pièce. Il vivait une vie de moine, continuait ce qu'il appelait « ses apostolats », avait la lubie de convertir le monde entier et moi, je n'étais destinée qu'à être sa servante, et une bonne reproductrice. Oubliée la promesse faite à « sa petite maman » de me faire finir mes études de Lettres. C'était sans compter sur ma détermination à devenir professeure de Français, mon rêve, ma passion. Jamais je n'aurais voulu y renoncer ! J'avais brillamment réussi ma première année à la Sorbonne Nouvelle, mais en deuxième année, les choses se gâtèrent sérieusement pour moi. Il aimait l'argent, les biens matériels, les livres et attendait avec impatience l'héritage familial. Son père et sa tante lui donnaient de l'argent en douce. Il me forçait à cuisiner des aliments récupérés sur le trottoir, et si j'avais le malheur de dépenser de l'argent pour acheter un morceau de viande ou agrémenter le quotidien, c'étaient des reproches, des humiliations, des punitions. Dans les années 90, il n'était pas à la mode de se faire des meubles avec des palettes ou de récupérer les invendus du marché. Cet être ignoble rivalisait avec les clochards à la fin des marchés, et m'obligeait à vivre de mendicité au nom de la religion et de sa vie monacale déchue. Qu'on remette bien les événements dans leur contexte. Le sexe était une torture, un devoir conjugal rapide, dédié à la reproduction, que je ne souhaitais pas, prenant la pilule en cachette pour oser finir mes chères études de Lettres. Il recevait sans cesse des personnes louches, des amis, je devais me débrouiller pour étudier à l'extérieur de chez moi, écumer les bibliothèques, trouver du repos coûte que coûte car il s'ingéniait à me priver de sommeil. Au fil des mois, je finis par abandonner un cours par-ci par-là, juste pour pouvoir dormir, et puis à force de recevoir des humiliations sur mes capacités intellectuelles, je me demandais si j'étais assez intelligente pour obtenir mes Unités de Valeur, à cette époque on devait réussir tous les écrits et tous les oraux.

Les modules compensatoires n'existaient pas et je finis par avoir peur de retourner en cours et je me coupai de mon milieu universitaire. Je n'y avais pas d'amis, pas plus au collège qu'au lycée ou ailleurs. Dès que je le pouvais, je retournais chez moi voir ma famille et mes animaux sans lui, avec bonheur. Les rapports sexuels étaient terribles car non consentis. Il me pénétrait, était dégoûté par son sperme et par moi, mais il fallait bien qu'il se vide régulièrement et pensait que j'allais bien tomber enceinte… Je prenais la pilule en secret et s'il l'avait su, les coups m'attendaient*66666666**. Je voulais finir avant tout mes études et pouvoir donner une belle vie à mes enfants sans être dépendante d'un homme ; c'était ce que m'avait toujours enseigné ma mère, qui avait été une des premières femmes à travailler alors que ses belles-sœurs étaient toutes des mères au foyer ! Elle avait vu sa mère trimer pour nourrir à peine ses gosses et sans un travail, sa propre mère n'aurait pas survécu sous les coups ! Comble de l'ironie, il m'arrivait la même chose. Mais chez les Ktos, on ne divorce pas, surtout dans le milieu intégriste, dans lequel on m'avait plongée, surtout à cette époque, surtout à mon âge, surtout moi, qui était la fierté de mes parents dans ce petit milieu, moi qui étais arrivée vierge au mariage ! En fait le monstre avait pour projet de me foutre en cloque, de me faire enfermer dans un hôpital psychiatrique, puisque selon lui, j'étais maniaco-dépressive, sujette aux sautes d'humeur, et donner l'enfant à sa sœur, vieille fille institutrice, qui ne parvenait pas à se caser et qui rêvait de maternité. Ainsi, il aurait pu continuer son apostolat en se montrant un digne mari, avec une femme malade, mais fidèle au poste et tout le monde l'aurait adulé, comme d'habitude. Moi, sans amis, différente, silencieuse, toujours en marge du monde, je ne pouvais pas me défendre. J'ignore comment j'ai survécu, mais un spermatozoïde de huit jours survit à tout, la preuve ! Il y eut le coup de trop. Un jour qu'il prêchait à je ne sais plus qui, je réussis à le contredire et à montrer que moi aussi j'avais des choses et dire et que j'étais dotée d'une certaine intelligence et douée à l'oral. Je le sentis pâlir, mais il n'en montra rien sur le moment.

Une fois l'invité parti, je reçus une « engueulade » – j'emploie ce mot « gueule », comme une chienne qui reçoit sa correction – particulièrement violente, je me réfugiai alors sur la mezzanine. Il m'y rejoint, et me chassa à coup de jambes et de pieds pour que j'en tombe. Le bas du dos accusa des coups d'une violence inouïe, j'entendis mes vertèbres craquer, mon bassin recevoir le poids des coups de jambe répétés. Je fus projetée au sol, rampai jusqu'à la salle de bain, le dos broyé et y passai la nuit avec ma bombe lacrymogène allongée dans la salle de bain en ayant peur qu'il ne recommence. Je savais qu'il ne me frapperait pas au visage, car des ecchymoses se constatent et se voient. Lui frappait de manière plus réfléchie, calculée et jouait sur ma peur, la surprise, et avec ma tête et ma culpabilité. Je finis mon séjour parisien dans cette salle de bain placard, à manger par terre comme une chienne, apeurée dès qu'il rentrait, ne sachant pas ce qu'il allait advenir de moi. Il m'observait d'un air sadique, en souriant comme un tortionnaire, satisfait du résultat escompté. Quand je pleurais, roulée en boule, il me donnait un coup de pied comme on repousse la déjection d'un trottoir pour la faire disparaître. J'étais devenue une chose inerte, un tas de viande qui pleurait. Je me souviens qu'un jour, brusquement, mes larmes se sont arrêtées, je ne pouvais plus physiquement pleurer, comme si mon corps s'était mis en veille. Un jour j'eus la force de rentrer chez mes parents mais j'avais tellement honte, que prise d'une dernière crise de larmes, je me rendis dans la salle de bain, l'air hagard, pour y saisir une boîte de Lexomil, que ma mère prenait régulièrement. Je la pris dans un état second, ma mère était dans sa chambre, je ne sais plus ce qu'elle y faisait ; c'était dans la journée, je m'assis sur le lit, la boîte à la main, le regard dans le vide. Maman m'aperçut, elle s'assit à côté de moi, comprit que je l'appelai secrètement, silencieusement à l'aide. Je ne pus prononcer un mot. Allais-je avaler le tube ? Je l'ignore, mais une chose est certaine, j'arrivai en fin de piste, au bord du précipice. Je ne retournerais pas à Paris, j'en serais morte. Elle comprit que je risquais de faire une bêtise. Elle décida de me garder chez elle. J'avais, avant de partir, été voir un avocat à la mairie et demander mes droits. J'étais prête à demander le divorce. Avec cette boîte à la main, maman comprit que si elle ne me recueillait pas, si elle n'admettait pas que j'allais divorcer, elle me perdrait pour de bon. À partir du moment où elle annonça au monstre que je demandais le divorce, il essaya tout d'abord de l'amadouer, de tenter de reconstruire le couple en apparence pour que je retourne dans le piège. Je tins bon car je savais que j'avais pris des coups, et que si je faisais un pas dans la mauvaise direction, j'étais morte. Quand il comprit que je ne céderais pas, il changea de ton et eut la bêtise de la menacer. Cette fois, ce fut mon père qui se fâcha et il devint l'ennemi de mes parents. Ils finirent enfin par me protéger, j'étais sauvée. Il fallut que je me cache pendant des années car il me poursuivit longtemps, tant qu'il ne trouva pas le moyen de rebondir et de devenir un parfait gourou. Je ne le revis jamais. Un jour, je reçus une lettre d'un couple d'amis qui me présentait ses excuses de ne pas m'avoir crue. Ils témoignaient que le monstre avait été violent et pervers, qu'il avait menti, qu'ils en avaient la preuve. Les voisins et le concierge étaient tous au courant des coups que j'avais reçus. Personne n'est venu m'aider. Personne n'a appelé les secours ! J'avais 19 ans, j'étais étudiante, j'ai failli mourir sous les coups de ce monstre. Mais ce qu'il y a de plus atroce et paradoxal, ce ne sont pas des coups dont je me remis le plus mal, ce furent des humiliations psychologiques et des doutes qui me tinrent au-dessous de toute estime de moi-même. Il m'avait fait croire que mon corps était repoussant, dégoûtant, laid, gros, sale, que j'étais laide, incapable d'avoir un travail un jour. Qualifiée selon lui de *Maniaco-dépressive*, j'étais une assistée selon lui. Stérile de surcroît. Divorcée, qui voudrait encore de moi au sein de la communauté des chrétiens ? Je pouvais dire adieu au mariage, je n'étais plus vierge. Un peu comme une voiture d'occasion, j'avais déjà été utilisée et avais des kilomètres au compteur. Dans les années 90, issue du milieu intégriste d'où je venais, on ne plaisantait pas avec le divorce et le mariage. Encore moins avec le sexe. Le corps n'était voué qu'à la reproduction et la femme était une mère avant tout. Depuis peu, l'Église s'est assouplie. De tels propos paraissent sans doute exagérés, mais je vous assure qu'à cette époque, divorcer à 20 ans était un scandale. Quand je m'inscrivis à la faculté de mon académie d'origine, l'étudiant se moqua du « madame », au lieu de « mademoiselle » de ma carte d'étudiante, me disant que je n'avais pas perdu de temps. Heureusement maintenant, un tel genre de discrimination a ENFIN disparu. Je bondis quand je vois inscrit sur certaines boîtes aux lettres « Monsieur et Madame Untel » du nom du maître de la maison, suivi de son prénom à lui. Madame a totalement été bouffée, gobée, aspirée, absorbée par une totale perte d'identité par Monsieur qui a mangé son état civil, jusqu'à son prénom ! Quelle honte !

On n'a pas la force d'aller porter plainte, pas la force de parler, d'avouer, car il faut avoir été violée et frappée pour savoir que ce n'est pas uniquement une violence physique qui s'exerce, c'est aussi une profonde et indélébile destruction psychologique qui s'opère dans les moindres recoins de notre être, de notre cerveau, de notre identité. On a toujours peur une fois que l'on a été agressée. C'est la colère, l'injustice qui font réagir un beau matin, mais il faut savoir que la violence s'exerce bien longtemps après et qu'elle revient, tel un voleur, quand il fait nuit, quand on est seule, quand on pense et repense à notre vie à cette époque-là. Quand on y repense, on a honte de ne pas avoir eu la force de réagir, de dire non, de repousser l'agresseur, honte de ne pas avoir été le dénoncer. Notre honte nous fait encore plus honte par notre faiblesse, à cause de notre manque de volonté et on se dégoûte encore plus. Il est plus simple de se taire, d'aller de l'avant en rasant les murs. Ce sont nos petits compromis ou arrangements intimes. On se dit que ça finira par passer, que ça ne se voit pas, qu'on sera plus forte avec des jours meilleurs. Personne ne va nous croire, la justice fait peur, les procédures sont longues et ce sera une maltraitance de plus, le pot de fer contre le pot de terre. Aller aux urgences pour un membre cassé ou un bobo prend déjà un temps infini, interminable. Et pour des coups alors ? Un viol ? Porter plainte ? Avez-vous seulement été déclarer quoi que ce soit dans un commissariat ? Qui n'a jamais eu envie de se sauver rien qu'en y entrant ? Rien qu'en côtoyant autrui dans la salle d'attente ? Quand on vient d'être agressée, croyez-moi, on a juste envie de fuir, comme une bête traquée poursuivie par un chasseur à courre. L'humain file au fond de son lit, quand il le peut. Moi ce fut dans la salle de bain, bombe lacrymogène à la main… sortir pieds nus dans la rue jusqu'au commissariat du coin ? Aller dormir où après ? En parler à qui ? Pas d'amis, honte et encore honte… peur et encore peur.

J'eus du mal à reprendre mes études, mais j'y parvins. Je souffre du syndrome de l'imposteur. Les Hauts Potentiels sont victimes de ce Nosferatu, ce vampire démoniaque qui s'immisce dans nos têtes en permanence, nous susurrant à l'oreille que nous ne sommes que des *nuls*, des *imbéciles*, des *incapables* en tout. Une des blagues de mon père me qualifie bien « il n'est pas bon à rien, il est mauvais en tout ». Dès qu'il m'a fallu passer n'importe quelle certification ou examen de routine, ce fut une torture, un échec prévisible. Un jour, ma mère me conduisit jusqu'à la porte de l'amphi où je devais rattraper un examen d'anglais pour lequel je m'étais mis en tête que j'étais trop nulle pour l'obtenir. Elle me laissa à la porte, je sortis par l'autre et réussis l'examen l'année suivante. Je suis capable de passer des années à me préparer pour une certification et échouer ou bien ne pas me présenter à l'examen. Exemple : le BNSSA… j'ai passé deux années à m'entraîner quatre ou cinq fois par semaine pour être en mesure de devenir surveillante de bassin à 47 ans. J'étais en « compétition » avec des jeunes de 17 ans. À la hauteur, je trouvai le moyen de nager cinquante mètres de trop et de m'autosaborder alors que j'avais réussi tout le reste. Pendant les quinze jours qui avaient précédé mon épreuve, je pleurais tous les jours et prenais des calmants à base de plantes ou allais piquer des médocs chez ma mère parce que je tremblais de peur. Je me suis inscrite une autre fois après, mais je ne me présentais pas à l'examen, laissant la place aux jeunes, plus méritants que moi, selon moi, me sentant indigne et ridicule. Je fis pareil à la Croix Rouge, ou à la Protection Civile, malade comme une bête à l'idée de partir en stage, me sentant indigne, idiote, intellectuellement diminuée pour devenir formatrice équipiers secouristes, n'importe quoi car je suis enseignante depuis 25 ans. Mais impossible de me raisonner. Je ne compte plus les fois où je me suis réfugiée dans ma chambre, indigne selon moi de paraître en public. J'ai toujours peur de ne pas savoir faire cours à mes élèves en début d'année, d'avoir oublié comment faire, ne pas assez maîtriser les programmes… Alors, bien entendu, un pervers narcissique ne peut que se réjouir qu'une telle personne se présente à sa face…

Le monstre n'eut qu'à planter ses crocs dans la plaie vive de mes souffrances et différences de bac à sable, celle de petit spermatozoïde qui avait osé se planquer, celle du morpion accroché aux mauvaises parties sales de sa propre humanité… Et je n'ai compris que récemment, trente ans après, découvrant ma *zébritude,* ayant analysé que je reproduisais les mêmes schémas toxiques et autodestructeurs, ce qu'était la perversion narcissique en poussant la porte d'une psy, épuisée, détruite une fois de trop, mais ce fut la dernière ! Je suis toujours un peu dubitative, voire agacée quand j'entends des femmes dire de leurs ex qu'ils sont *pervers narcissiques*. C'est un terme à la mode. J'en ai rencontré deux dans ma vie, le même profil, la même manière serpentesque d'étouffer sa proie avec méthode et de la laisser plus morte que vive, gisant au sol, le temps de se remettre au prix de plusieurs années de célibat et de combat pour apprendre à se regarder dans le miroir de manière plus indulgente, sans s'aimer vraiment. Le PN opère toujours de la même manière : bombe de séduction au départ. L'être parfait, solaire, intelligent, beau parleur, fin, délicat. Trop parfait pour être honnête. L'être est à votre écoute et vous pose beaucoup trop de questions… on dirait qu'il cherche à connaître tout de vous, à vous faire « avouer » vos moindres secrets. Il se montre une épaule sur laquelle pleurer, l'être que vous espériez depuis toujours. Les conversations durent des mois entiers, interrompues. Vous entrez dans sa logique, vous vivez à son rythme qu'il vous impose, décide au dernier moment quoi faire, où se rencontrer, parfois dans des lieux improbables. Et puis petit à petit, vos rares amis sont moins intéressants à ses yeux puis aux vôtres car il vous vampirise, occupe tout votre temps, mange voracement toute votre énergie, souhaite une « fusion » ; le doute s'instaure en tout au fur et à mesure, subrepticement alors car le poisson a été ferré. Et pour cause… tout n'est que flou et que doute. Les contours ne sont pas marqués, vous êtes piégée en eaux troubles, il n'a qu'à tirer la ligne, vous sortir de l'eau et vous contempler agoniser hors de votre milieu naturel, asphyxiée, avec sadisme, comme un chat contemple sa proie une fois qu'il l'a chassée, qu'il s'en est amusé longuement, méticuleusement l'a fait souffrir, pour la dédaigner une fois que la proie est presque morte, inanimée par la cruauté et la succession des tortures et des peurs successives. Il ne possède au départ aucun défaut jusqu'à une petite colère, une petite réflexion sur votre personne ou sur votre physique mais pas de manière maladroitement masculine, non, cela s'opère de manière dévalorisante, profondément blessante, ce qui fait vous sentir laide par rapport à une autre femme, indigne de l'amour que le pervers parfait vous porte soi-disant. Cet être devient formidable de vous aimer parce que dans le fond, il se sacrifie pour vous et vous vous devez d'être à la hauteur de son sacrifice et de sa mansuétude. Bien sûr, cela prend du temps pour le comprendre car nous sommes mal, plus dévalorisée que jamais, sans jamais comprendre l'origine du malaise, qui se traduit physiologiquement d'abord : maux de têtes, nausées, fatigues, épuisement, perte d'énergie et d'entrain. De joyeuse et pleine de spontanéité, vous devenez triste et insipide, tout le temps épuisée. Les reproches sont de plus en plus rapprochés et arrivent de manière impromptue, tout comme les cris, les bouderies, les marques d'impatience, les soupirs. L'être souriant devient distant, silencieux, boudeur, tandis que vous, vous vous demandez ce que vous avez bien pu faire de mal car rien n'est expliqué, vous devez bien le savoir puisqu'il vous prouve, raisonnement foireux à l'appui, que vous en êtes pleinement responsable. Il cherche à vous montrer sa désapprobation sans que vous en identifiiez la cause, sans savoir ce qui vous est reproché. J'ai remarqué que les raisonnements verbeux des PN sont boiteux, qu'ils enchaînent les phrases sans queue ni tête, changeant de thèmes, et que le début et la fin des phrases n'ont pas le même rapport entre elles. Il est impossible de le comprendre car ce personnage est capable de dire le contraire d'une phrase à l'autre.

Ce flou est épuisant et vous place en position d'infériorité, en victime. Il est très difficile de le prendre à son propre jeu parce qu'à un moment donné, quand le monstre a compris qu'il perd pied, il passe à la phase de menace, qui suit la phase d'intimidation. Séduction, observation et analyse de vos failles, infériorisation, isolement systématique de votre milieu, intimidation, puis menaces et violences : voilà les étapes de la destruction de votre être psychique, physique, psychologique et intellectuel.

Vous finissez par le supplier de devenir gentil comme au début, mais ces marques sont le plus en plus rares, distillées au compte-gouttes. On les quête comme un chien son susucre, en faisant la belle. Et puis la violence finit par se faire crescendo. Quand il décide d'en finir avec vous, vous êtes seule, sans famille, sans amis, isolée, à sa merci. Pour sortir du puits sans fond, noir, humide, angoissant, il faut remonter à mains nues le long de parois glissantes et savoir que l'on retombera souvent au fond avant de parvenir à revoir la lumière du jour et respirer à pleins poumons l'air frais non vicié. Ma fille aînée est hélas la proie d'un tel individu, mais pour le moment, coupée de nous tous, privée de ses amis d'avant, je ne sais pas ce qu'elle devient. Je ne peux qu'attendre son retour et l'accueillir à bras ouverts quand elle sortira de son puits moisi. Je serai là, je sécherai ses pleurs, ses cheveux, je la prendrai dans mes bras comme au premier jour de sa naissance, je referai connaissance avec elle et la soignerai avec tout l'amour d'une mère à qui elle aura manqué à chaque seconde depuis notre séparation dans le bureau de cette juge, quand un policier nous l'a enlevée à 17 ans pour ne plus la revoir jamais. Ma fille prodigue, si tu savais comme je t'aime et à quel point, jusqu'à mon dernier souffle de vie, et même au-delà, ta mère t'adore. Rien n'effacera notre lien, aucune loi, aucun pervers, aucun univers, rien. J'attendrai ton retour et celui de tes sœurs que le système judiciaire a entraînées avec toi. Alors seulement, je revivrai, pas avant. Je vis en sursis, je purge ma peine au fond du cachot de mère meurtrie à qui on a pris son enfant en fleur. Toujours cette tristesse me terrasse, les larmes aux yeux j'erre, me battant de toute ma résilience de mère, de femme brisée à qui on a pris la chair de sa chair, arraché ses entrailles à vif et je crie à l'univers de faire que ta route retrouve le chemin de ta raison et retrouve ainsi tes sœurs, ton père, ta famille, tes amis… que la vie t'épargne ma Fille Prodigue. Que les dieux te protègent. J'apprends le lâcher-prise, le silence, je me coupe de mon ancienne vie pour éviter de parler de toi et que les gens te jugent. J'arrache à mains nues les mauvaises herbes de mes erreurs et de mes maladresses de femme qui ne comprend pas les interactions sociales, comment être une mère de jeunes filles en fleur qui découvrent un monde, qui m'a tellement maltraitée et dont j'avais peur pour vous. Je vois que mes filles possèdent exactement le même mode de fonctionnement intellectuel, les mêmes différences sociales, les mêmes difficultés à entrer en interaction avec un autrui lambda. Elles sont elles aussi des caméléons, avec des personnalités bien distinctes, mais je les sens dubitatives, en questionnement perpétuel sur les intentions des autres, leurs réactions ou les lois de la communication, mais pour le moment elles refusent toutes de me rencontrer, comme si j'étais un monstre. Une juge les a placées dans un foyer pour maltraitance psychologique, sans preuve, parce qu'elle a estimé que le témoignage biaisé de ma fille aînée, dont nous ne pourrons jamais connaître la teneur, suffisait et que personne ne pourrait un jour lire le contenu des douze pages à charge rédigées par ma fille sous la dictée de son petit ami. Nous avions une vie simple, des filles gentilles, brillantes, ouvertes sur le monde. Comme des gosses maltraités, elles ont été placées, séparées au départ pendant un an. Une de mes triplées a été placée en foyer d'urgence où l'on ne différencie pas un enfant maltraité d'un enfant maltraitant. Séparée de ses sœurs jumelles pour la première fois de sa vie, à peine à seize ans. Obligée d'être seule dans une ville à 5 h 30 du matin pour prendre un train et rejoindre son lycée et ne revenir qu'à 21 h le soir, toute seule dans les rues pour survivre et continuer sa scolarité avec courage et détermination. Cette même année, ma fille placée a obtenu la médaille d'honneur des Jeunes Sapeurs-Pompiers, a remporté des cross, obtenu son oral du bac de Français à 19/20, son écrit à 18. Ses sœurs ont fait de même, sans jamais lâcher quoi que ce soit, sans jamais se plaindre.

Jamais je n'ai aidé mes filles à la maison pour leurs devoirs, par respect pour le travail de mes collègues, en faisant confiance en mes enfants. Autonomes depuis leur plus jeune âge, elles n'ont pas été longues à comprendre que leur maman n'avait que deux bras et qu'elle avait tout donné à en tomber malade. Je ne sais toujours pas ce qui m'est reproché, surtout quand cette jeune juge trentenaire et débutante m'a dit droit dans les yeux « Je n'ai jamais inscrit quelque part que vous étiez une mère maltraitante, vous êtes une bonne éducatrice ». Mais alors, que me reprochez-vous ? Est-ce encore cette malédiction de cette différence invisible, analysée de travers par une troupe de travailleuses sociales freudiennes et zélées ? Ignorez-vous le pouvoir des biais cognitifs ? Connaissez-vous la psychologie des adolescentes, prêtes à tout pour rejoindre leurs premières amours, et qu'il faut tuer la mère pour mieux devenir femmes, chères freudiennes, béotiennes en neurosciences, qui feraient bien de retourner sur les bancs de la fac ? Quelle aurait été notre vie à tous si Madame La Juge, vous aviez dit à mes filles : « Jeunes demoiselles, avez-vous manqué de quoi que ce soit ? Vos parents ont-ils été absents ? Vous ont-ils battues ? Vos parents s'entendaient-ils mal ? Avez-vous subi des sévices ? Mangiez-vous à votre faim ? Avez-vous fait des activités extrascolaires ? Aviez-vous des amis ? Étiez-vous libres de circuler, de lire, d'aller en vacances avec vos parents ? À toutes ces questions, elles auraient répondu que tout allait bien, comme une famille ou une autre avec des quatre adolescents du même âge sous le même toit… Où commencent et finissent les droits d'ingérence des services sociaux ? Tout au long de cette année d'enquête, mon mari et moi avons été convoqués à des entretiens d'une violence inouïe où on nous relisait sans arrêt le jugement de l'audience du tribunal. Elles l'analysaient ligne par ligne, remuaient le couteau dans la plaie.

Des profs, forcément, eux qui s'y connaissaient bien en éducation, ceux à qui on confie nos enfants, des profs du privé, que l'on paie, dans ces milieux-là, forcément, ils ont quelque chose de louche. On ne va pas les louper. Il me semblait que je pouvais lire la vengeance inconsciente de leurs années de souffrance sur les bancs de l'école enfin assouvie. Je n'ai jamais compris ce qui nous avait été reproché. On m'a sommée d'expliquer mes choix d'éducation dans les moindres détails, parler de ma famille, de mon relationnel à autrui, de ma sexualité. Jamais personne ne m'a demandé quels moments heureux nous avions vécus avec nos enfants avant cet incident. Jamais personne ne m'a demandé qui était le petit copain, comment ma fille avait sombré après les confinements successifs du Covid, quand 30 % des adolescents sont comme elles en mal-être ? C'était forcément moi la coupable, moi la cheffe de clan et je me suis même entendue dire « Monsieur, vous auriez dû MUSELER votre femme ! Ici, Madame, c'est moi qui commande, moi qui décide, moi qui dis quoi faire ! Vous n'êtes plus une prof, arrêtez de jouer ce jeu ! »

Quel jeu ? Madame Bidule, tu me demandes de t'expliquer quelque chose, je le fais, on dirait que tu attends quelque chose d'autre… mais quoi ?

« Quand allez-vous avouer ? C'est marqué noir sur blanc dans le jugement ! Avouez ! »

Mais avouer quoi ? Que j'aurais *maltraité* mes gosses ? Mais ce n'est pas ce qui est écrit… pourtant je sais lire… Une gamine sous influence a appelé un numéro 119 et toute votre vie bascule… Que faites-vous des enfants enfermés dans des chambres, des caves, sans nourriture, sans éducation alors que les collègues font des signalements à répétition ? Que faites-vous des enfants déscolarisés dont aucun parent ne travaille, dans des zones de non-droit où vous seriez accueillies à coup de battes de base-ball, menacées au lieu d'être reçues respectueusement avec une politesse teintée de peur de voir ses autres jumelles placées aussi, en dépit de frais exorbitants de la meilleure avocate de la ville, qui ne prend que des affaires dont elle est sûre moralement afin qu'elle puisse se battre en toute conscience pour défendre des clients innocents de ce dont on les accuse ? Nous sommes des profs, bien polis, soumis, tremblants de voir nos deux filles restantes partir en foyer elles aussi… et mes jumelles souffrent de voir leur sœur jumelle loin d'elles deux pour la première fois de leur existence et ignorer ce que devient leur sœur aînée… interdiction de parler entre nous des entrevues. Interdiction d'évoquer en famille ce dont nous souffrions, écartelés, mortifiés, humiliés courant d'un site administratif à l'autre, convoqués pour répondre à leurs interrogatoires, leur jugement ouvertement proféré, à leur pleine disposition, considérés comme des parents négligents, et comble de l'horreur en ce qui me concerne, traitée de mère *maltraitante*… quant à mon mari ils en font fait un être faible psychologiquement, immature et coupable de ne pas avoir « muselé » sa femme, trop autoritaire selon eux, ne s'étant jamais occupé de ses filles. C'est lui qui se levait toutes les nuits, qui les bordait le soir, parce que je ne pouvais pas monter les marches, épuisée, handicapée par deux opérations du dos pour lesquelles j'ai obtenu une reconnaissance de travailleur handicapé à vie, mais dont je n'ai jamais parlé parce que j'avais honte. Lui qui leur a appris à lire pendant que je faisais les repas mitonnés maison, le pain, les confitures, donnais les bains, nettoyais la maison, m'occupais des travaux extérieurs, des peintures, de la réfection des volets, de l'aménagement de leurs chambres au fur et à mesure de nos moyens.

Lui qui leur a appris à faire du vélo, lui qui allait faire du sport avec elles les mercredis après-midi pendant que je corrigeais mes copies, lui qui leur a appris à nager. Lui qui les a surveillées avec moi pendant toutes les activités de divertissement. Nous comptions à n'en plus finir 1, 2, 3, 4/1, 2, 3, 4 où qu'on aille pour ne pas en perdre une seule. Elles riaient, inventaient des jeux, trouvaient leur équilibre à quatre, binôme par binôme. La maison immense n'était que rires et complicité, même si nous étions au bord de l'épuisement. Nous avions désiré ardemment nos enfants… nous les veillions comme le lait sur le feu. Petit chiffre : 25 couches par jour, 21 biberons, pas une seule fois mes filles n'ont mangé un produit chimique, un plat tout préparé. Je leur chantais une chansonnette à chaque étape de la journée pour qu'elles comprennent que c'était l'heure fixe d'une activité… pas un seul jour de repos. J'ai continué malgré mes opérations à répétition de travailler, ai repris des études, souffrant de problèmes de sommeil en décalage perpétuel malgré que je sois une grosse dormeuse ayant besoin de récupérer ; j'ai exprimé mon lait jusqu'à la dernière goutte pour qu'elles aient le meilleur de moi-même. Encore plus qu'une autre parce que moi, je n'avais pas été désirée. Maman disait de moi que lorsqu'elle m'avait allaitée, j'étais « une grosse feignasse » parce que je m'endormais sur son sein alors que mon frère était « un goulu qui aurait bouffé le sein avec ». À cause de moi, ma mère avait souffert de crevasses qu'elle m'avait décrites dans les moindres détails, comme si elle avait été une martyre. Selon elle, j'étais une enfant à soucis, je faisais des allergies à cause de mes couches, j'avais toujours mal au ventre, j'étais pénible. Seul mon père pouvait calmer mes pleurs en dansant la java… toute petite j'aimais déjà qu'il me donne le tournis… mon papa… il s'occupait de moi à cette époque. Il avait revendu sa voiture et roulait à mobylette pour faire des économies mais ne manquait pas de rapporter une rose rouge à ma mère tous les dimanches.

Quand je suis née, j'ai interrompu bien des choses entre eux… je me souviens qu'ils se serraient souvent fort l'un contre l'autre et que moi, je voulais me faufiler entre eux quand ils le faisaient.

Cela les dérangeait mais je voulais qu'ils m'aiment et me serrent fort contre eux. Ma mère disait que je n'étais pas câline avec elle. Je l'ignore. Je ne sais pas si je me suis bien occupée de mes filles… ces deux dernières années ont constitué un enfer de remises en question sur mes démarches, mes choix, ma personnalité. Si une juge avait estimé que j'étais une mauvaise mère, je devais l'être… J'ai donné tout ce que j'ai pu, j'ai étudié des livres, ai suivi des conseils de psychopédagogues, de pédopsychiatres pour avoir des trucs, des astuces pédagogiques… puisque je ne me faisais pas confiance, il fallait que je me débrouille. Je téléphonais à ma mère un nombre incalculable de fois pour être sûre de bien faire… j'avais peur de ne pas être à la hauteur. J'ai continué à travailler bien qu'étant harcelée par ma cheffe d'établissement et seule en salle des profs pendant 17 ans. Personne ne m'a défendue. Les PN existent aussi au féminin. Je n'ai jamais courbé l'échine devant cette femme, jamais. Un jour elle me dit : « Moi vivante, vous ne ferez jamais carrière. Vous êtes un méchant électron libre ». Plutôt mourir que de mettre un genou à terre devant cette femme qui en avait envoyé plus d'un en dépression nerveuse. Tout le monde le savait, personne n'a osé lui résister, sauf moi. Quand je rentrais le soir, j'avais une autre vie et ma famille à nourrir. J'aurais aimé avoir une personne sur qui compter, une amie, une sœur. Mes filles étaient invincibles car jumelles et l'aînée faisait partie de l'équipe au même titre. Elle était leur sœur aînée, celle qui savait, celle qui enseignait, celle qui avait le savoir, de vingt petits mois de plus… Mon mari avait comme moi la tête dans le guidon et quand je suis tombée malade, il n'a pas pris soin de moi. Je ne lui ai jamais pardonné de ne pas m'avoir protégée à cette époque-là, mais le pouvait-il ? Je lui ai pardonné depuis et il est mon meilleur ami. Nous étions de parfaits collaborateurs et de bons éducateurs sur la même longueur d'onde. Il avait une femme efficace, brillante, soumise, qu'il poussait toujours plus loin… le jour où mon corps lâcha, il ne m'aida pas à me relever. Alitée, le dos fracassé pendant de longs mois, tout le monde me laissa seule dans ma chambre en oubliant de me nourrir, mère comprise. Mon mari sortait les enfants, les empêchait de venir me voir, il suscitait l'admiration de toutes les femmes et du quartier avec ses petites blondinettes si bien élevées. Dès que j'avais un peu de force, je préparais leurs petites chaises avec leurs vêtements propres, leurs petites chaussures, tout était neuf, soigné sans l'aide de personne. Venez me dire que je les ai maltraitées !

Jamais je ne les ai laissées seules devant un écran à regarder n'importe quoi. Je leur ai enseigné le goût de tous les mets, les glaces maison, la pâtisserie, la nature, les jeux en plein air, les histoires dans leur parc, qui occupait notre immense salon, transformé en halte-garderie. Tout était sécurisé. Le soir je leur jouais du piano pour les endormir… nous ne recevions que rarement des personnes n'appartenant pas à la famille. Tout le monde pensait qu'une famille nombreuse ne pouvait que faire du bruit et qu'elle coûtait cher à inviter.

Mesdames, avez-vous des enfants, des adolescentes, quatre enfants de 20 pauvres mois d'écart, des triplées de 2 minutes d'intervalle nées à 33 semaines et demie… après 3 mois dans un service de grossesses pathologiques, loin de ma première petite Puce, la peur au ventre à chaque journée de voir mes petites mourir dans mon ventre, me sentant coupable d'être loin de mon autre enfant chaque jour, de ne pas pouvoir la prendre dans mes bras, me préparant à ce qu'elles meurent dans mon ventre, prévoyant même, au cas où, l'éventualité d'un décès, me préparant à voir des enfants prématurés en service de néo-natalogie pour mieux anticiper et gérer ma peur. Seule dans mon lit, dans une autre ville que la mienne, sans rien dire, en essayant de refaire mon quotidien peuplé de rituels rassurants : me lever à heures fixes, prendre toujours le même petit-déj, procéder aux rituels de la toilette en traversant les mêmes couloirs loin de ma chambre, pour entendre les infirmières rire, aller chercher de l'eau fraîche à la fontaine aux mêmes heures, parler immanquablement avec le personnel, faire rire les étudiants, descendre faire mon échographie mon dossier à la main, le consultant dans l'ascenseur au passage… devenir un ventre, un pauvre ventre qui couve des êtres précieux, mes petites filles pour lesquelles j'ai failli mourir. On m'avait dit que je ne deviendrais jamais mère puisque fille distilbène, stérile. Nous avons eu recours à deux FIV et lors de la première grossesse réalisée à Lyon, je prenais le train tous les mois pour me faire suivre dans cette clinique. Je voulais le mieux pour ma petite… moi on ne m'avait pas voulue, j'étais un accident. Ma Chérie était le fruit de 5 ans de combat, voulue comme ses sœurs plus tard. J'ai failli mourir lors de l'accouchement parce que pour ne pas déranger l'obstétricien de nuit un vendredi soir, on m'a stoppé le travail à coup de piqûre miracle pour me faire rentrer à mon hôtel… l'accouchement pouvait bien attendre le lendemain. Le travail avait commencé dans l'après-midi, on m'avait renvoyée « faire du shopping »… Revenue dans la nuit, l'infirmière m'a fait une piqûre.

Immédiatement le travail s'est arrêté. Essayez de leur expliquer que la chambre est réservée, que le terme est venu puisque c'est une FIV et qu'il a commencé depuis 12 heures déjà, non, on ne dérange pas un vendredi soir. Le doute, l'instinct de maman étant le plus fort, je suis rentrée dans ma ville, deux heures de route en voiture, et ai été accueillie par l'hôpital public quelques heures plus tard, césarienne d'urgence. Les eaux étaient souillées, le cœur du bébé s'était arrêté un moment au monitoring. Le col ne s'est jamais ouvert. J'ai sauvé mon bébé. Ma petite merveille est née. Ma Petite Merveille que je contemplais une fois devenue femme allait faire un jour le 119… j'entends encore le bruit strident de l'alerte du monitoring indiquant l'extrême souffrance fœtale et la césarienne d'urgence pour la sauver. La peur que j'ai eue. Une fois la petite sauvée par cette femme remarquable que fut la gynécologue obstétricienne, j'ai demandé, non pas à la prendre, mais que son père l'ait en premier dans ses bras. J'avais réussi pour qu'il devienne père. Moi, la petite distilbène conçue de travers, j'avais une fois de plus contrarié les pronostics. Tout n'est qu'affaire de tuyauterie dans les corps humains… si un tuyau est bouché, la vie est bloquée ou disparaît en une fraction de seconde. Nous ne sommes pas comme les étoiles filantes qui brillent même après des années-lumière de notre extinction, alors, un peu de modestie et d'humanité. Notre humanisme fait à mon sens notre seule richesse, si elle s'ennoblit à vouloir le bien de l'autre pour l'élever et le rendre digne, libre, humain et bon. Le Bon, le Bien, le Beau… pour tout un chacun.

Mais je suis une mère *maltraitante* non ? Cela finit par faire rire Wonder Psy qui a régulièrement affaire aux Travailleuses Sociales via le Cessad avec leur vindicte et leur ton présomptueux du « je sais tout, taisez-vous ». Je me souviens m'être écroulée en classe dix jours après la première audience au tribunal, lorsqu'une de mes jumelles et notre fille aînée étaient parties loin de nous tous, attrapées par deux policiers médusés appelés en renfort par la Juge, au cas où nous aurions fait des histoires. Mes vraies monozygotes se sont organisées pendant cette audience pour « manipuler » la Juge et rester auprès de moi. Elles se sont réparti les rôles : une crie et pleure, l'autre argumente froidement. Leur sœur jumelle, elle ne pensait pas qu'il y aurait un placement en foyer, c'était impossible. Le soir même elle allait dormir seule dans une chambre à une centaine de kilomètres, dans un foyer d'urgence où la violence régnait. Sa sœur aînée s'en moquait, elle avait obtenu de pouvoir voir son petit ami comme elle le souhaitait le week-end et était interne dans une autre ville, proche de la majorité. Elle savait qu'elle obtiendrait une allocation spéciale et que ses études seraient payées par l'État. Cela aiderait grandement la famille de son petit copain qui n'avait pas les moyens de le loger vraiment et qu'un partage de chambre payé par l'État aiderait grandement. Encore fallait-il connaître ces lois, faciles à connaître si l'on est bien conseillé. Un avocat, ami d'enfance, nous avait assistés lors de cette audience et avait compris le manège de ma fille aînée : seule une personne « de la partie » pouvait connaître ces lois et ma fille s'exprimait avec des mots juridiquement appris qu'une jeune fille de son âge ne pouvait pas connaître... Nous n'avons pu découvrir le pot aux roses et reconstruire la machination qu'au fil des mois qui suivirent. Mes autres filles ne veulent toujours pas y croire. Ce soir-là, ma petite triplette resta seule, abandonnée dans une chambre par sa sœur aînée, qui passait son temps au téléphone avec son petit copain, qui refusa même de venir consoler sa sœur. Les assistantes sociales étaient passées chez leur père pour faire les valises, puis chez moi où je n'étais pas. Jamais je n'aurais eu la force de voir partir mes enfants. Leur chambre est restée intacte. Pendant des mois, je les ai laissées fermées. Et puis j'y suis remontée. Une année plus tard, mes deux autres jumelles rejoindraient leur sœur pour ne plus être séparées.

Ces fameux dix jours suivants cette audience, j'ai eu le temps de m'enfuir de cours, pleurer dans le couloir à en hurler. Mon Chef est sorti de son bureau et m'a épongé le visage, m'a prise tendrement dans ses bras. Toute ma vie je lui en serai reconnaissante. Nous travaillons ensemble depuis presque 20 ans. Que ce soit son adjointe, présente aussi lors de mon lamentable effondrement, les larmes aux yeux elle-aussi que lui, jamais aucun des deux n'a remis en cause ma parole, ma probité. Je ne suis pas ce genre de femme à jouer la comédie ou à se plaindre. Je me bats toujours pour des causes justes, quitte à être seule contre tous. Ma fille aînée a fait une bêtise... nous en avons tous subi les conséquences en souffrant tous atrocement sans oser nous le dire, chacun de notre côté, voulant nous épargner, nous protéger les uns les autres. Que ressortira-t-il d'une telle épreuve ? À l'heure où je rédige ces pages, je l'ignore... à la majorité de mes triplées ces gens-là disparaîtront, moi je resterai et tenterai lamentablement de ramasser les miettes de ma famille « idyllique » dont le rapport s'était moqué. Les assistantes sociales se sont moquées de nous, lorsque, naïfs, obéissants profs, nous avons expliqué le fonctionnement de notre famille. Elles ont nargué notre description en parlant de famille « idyllique » sarcastiquement… ce fut une profonde humiliation pour mon mari, qui crache sur les marches du tribunal dès qu'il passe à proximité de ce lieu maudit.

Est-ce un problème de n'avoir qu'une télévision dans la maison ? Il semblerait que oui… Est-ce une erreur d'être restée en bons termes avec son ex-conjoint ? Il semblerait que oui. Ce furent sur ces points de détails qu'on nous a jugés aussi ! Savez-vous ce qu'est un PN et qu'il commence par isoler sa victime de ses amis et puis de sa famille pour mieux œuvrer ? Pourquoi n'avez-vous mis qu'un jour pour votre enquête alors qu'il faut en général cinq mois pour que le Procureur donne suite, toute la destinée de ma famille ne s'est jouée qu'en un seul jour ? Pourquoi vos petites soldates ne sont venues que 10 minutes faire le tour de ma maison et se montrer hypocrites ? Leur père et moi avons reçu une convocation au tribunal sans rien y comprendre, sans savoir d'où venait la plainte, qui avait pu composer le 119… j'ai été la dernière à le savoir. Il m'a fallu prendre une avocate très renommée pour connaître le contenu en partie des rapports des enquêtes. Un jour ce fut l'échange de trop, l'entretien de trop, l'humiliation de trop après un interrogatoire dans une salle des Services Sociaux de la Protection de l'Enfance. Un matin, je ne pus me lever de mon lit. Mon corps ne répondait plus. Mes larmes coulaient à n'en plus finir, intarissables. Je ne parvins plus à me raisonner. J'avais tenu bon une année entière. J'ai craqué. Mon médecin m'a vue arriver courbée, voûtée, le visage ruisselant. Je me souviens de la tête médusée de son jeune stagiaire. J'avais honte d'être ainsi, moi si pudique, si digne. Avant toute prescription, je dus aller aux urgences en psychiatrie pour qu'il s'assure que je n'allais pas faire une tentative de suicide.

En tant que mère « maltraitante » à leurs yeux, j'ai été malmenée, insultée, humiliée et plus que jamais remise en question sur mon identité et me suis sentie coupable de tout, sans savoir de quoi. Cette épreuve m'a conduite à partir en quête de moi-même… j'ai osé faire les tests de douance, qui ont révélé une forte suspicion de TSA qui allait devoir être diagnostiqué ultérieurement bien sûr. Je suis enseignante spécialisée depuis plus de dix ans, j'ai toujours été à l'aise avec les personnes atteintes de TSA… quand psy n° 2 m'a posé cette simple question : « Connaissez-vous l'autisme de *Haut Niveau* ? »

— Haut Niveau ? Je connais l'autisme, le TSA, et l'Asperger, le Rain Man, le gentil Forrest qui touche les garçons, pas les filles. Je n'ai jamais rencontré d'autistes filles dans ma carrière ou dans mes études pour passer ma certification complémentaire.

— Mais l'autisme au féminin est très différent, surtout quand il n'y a pas de retard intellectuel…

— Que voulez-vous dire ?

— Je ne suis pas spécialiste dans ce domaine, mais au vu de mon expérience sur le terrain, je miserais à 98 % ma chemise que vous êtes autiste de Haut Niveau, on parle de TSA SDI, Trouble de Spectre Autistique sans déficience intellectuelle… on ne vous l'avait jamais dit ?

— … moi ?

— Je vais vous diriger vers une consœur débordée, soyez patiente, il vous faudra des mois pour obtenir un entretien, mais je l'appellerai pour lui demander de vous coucher sur sa longue liste d'attente. D'ici là, on regarde votre bilan WAIS 5 ?

J'avais mis cinq longues années avant d'oser passer ce test, j'en ai pleuré durant les épreuves, surtout pour les suites mathématiques, les problèmes de salle de bain et autres tellement je me sentais une « merde », une vulgaire « merde de chien molle, dégueulasse, qui pollue les trottoirs ». Ainsi m'avait-on toujours considérée, encore plus les travailleuses sociales. La maltraitance institutionnelle encore et toujours. Parents, école, collège, lycée, boulot, amants, enfants maintenant et services sociaux. Je donnerais tout l'or du monde pour qu'enfin on cesse de me faire du mal parce que personne ne comprend le gouffre abyssal qui se creuse entre la richesse de ma vie intérieure, sa douceur, son moelleux et ce que je crois produire à l'extérieur, qui semble être mal perçu, mais dont je n'ai absolument pas conscience parce que je n'ai aucun reflet de moi, aucun ressenti *naturel* du retour des autres. Tout n'est que perpétuelles, constantes et épuisantes adaptations et remises en question pour m'ajuster aux autres et à leurs attentes de ce que je dois faire pour être acceptée, comme les autres que je ne serai jamais. Ces derniers mois, je me suis totalement isolée. J'ai coupé avec tous les liens de mon ancienne vie. J'ai donné ma démission de toute activité bénévole. Je vais à mon travail, sous antidépresseurs, je fais du sport, j'écris et… je fais la plonge au fond d'un petit resto le week-end. Oui, la plonge. Ce travail me fait un bien fou. Je nettoie des assiettes sales, des gamelles pleines de sauces encore chaudes, je range méticuleusement des petites coupelles qui brillent, j'astique l'évier, je nettoie les filtres du lave-vaisselle, je plie consciencieusement les torchons. Quand je quitte tard mon poste de travail, harassée, le dos cassé, les muscles douloureux et que je rentre seule retrouver mes animaux heureux de me voir, je croule de sommeil mais je suis heureuse car je vois que j'ai accompli une tâche correctement, je vois le fruit de mon travail. J'ai mal partout, mais j'ai réussi quelque chose de simple qui ne fait pas mal à la tête et qui me laisse en paix puisque je ne pense plus, je ne sens que la chaleur de l'eau et mon dos qui me fait atrocement souffrir. Le hamster cesse de tourner dans ma tête quand les piles d'assiettes arrivent. Il faut faire vite, être efficace, cela me va parfaitement bien, je « maîtrise » la situation, ce n'est pas anxiogène. Enfin mon corps douloureux prend le dessus sur ma tête et je suis en paix ! Inutile de préciser qu'une prof de mon âge qui fait la plonge attire *quelques questionnements* mais au fond de l'arrière-salle, je suis peinarde. Les semaines passent de manière tangible car c'est mon rendez-vous hebdomadaire qui me prouve, me fait toucher du doigt, que le temps va passer et que mes triplées seront enfin de retour prochainement, puisque chaque semaine me rapproche de leur majorité et qu'après, je serai délivrée des services sociaux et du pouvoir de cette juge immature. Je prie toutes les entités de l'univers aussi de cesser d'avoir peur de la boîte aux lettres. Je n'y vais plus, je n'accuse plus réception de rien, je laisse mon téléphone dans ma chambre avant de partir, je m'efface le plus possible de tout pour survivre dans mon antre et lécher mes plaies à vif. Ce resto, cette arrière-salle, ses propriétaires ce sont mes seuls amis, mes seules fréquentations. Ils ignorent à quel point je les aime bien, à quel point ils me font du bien et combien je les apprécie. Ils contribuent à me relever et ils sont vraiment gentils, simples et reposants pour moi. Ils sont devenus ma seule famille.

Je ne suis pas idiote, je vis sans illusions. Mes filles ne désireront pas revenir vivre en partie dans leur maison d'enfance qu'elles détestent maintenant alors qu'elles y ont tant joué. Je suis comme un gardien de phare en pleine tempête ou une femme de marin qui attend le retour de l'être cher.

J'ai enlevé leurs photos, je ne monte plus dans leur chambre, j'ai donné leurs vêtements trop petits mais tout me rappelle leur présence passée. Je viens de m'endetter pour transformer la maison et la rénover au goût du jour, essayer de vivre dans le présent et non plus dans le passé, sans penser trop à un futur que personne ne maîtrise.

Plus vite que les autres mères, mes filles ont quitté le nid de manière violente et subite. Petit à petit, vêtement par vêtement, les mères voient leur progéniture partir en études supérieures, ne revenir que les week-ends puis de moins en moins. Tant que la machine à laver est là et que les plats en boîtes isothermes sont prêts, elles ont la chance de pouvoir encore apercevoir leurs enfants ou plutôt de les voir s'éloigner petit à petit. Pour moi, ce fut d'une violence inouïe, insultes en prime.

Avec Wonder Psy, spécialiste des TSA, j'apprends comment devenir mère de jeunes femmes en bourgeon, comment réagir, ce qui convient de dire ou ne pas dire. Sans cette femme, je serais perdue. Elle m'explique le monde et je découvre qui je suis…

J'attends les résultats de mes tests de dépistage d'un TSA, suis-je autiste ? Je l'ignore. J'aimerais enfin appartenir à une « famille », à un groupe identifié de personnes qui fonctionnent comme moi. C'est comme si j'étais une naufragée sur un radeau de fortune qui attend enfin d'accoster sur une île nourricière et pacifique après avoir essuyé tellement de tempêtes et subi tellement de dommages corporels et psychologiques ! Mon frère, mes parents ne souhaitent plus me rencontrer ; à leurs yeux, je suis un monstre. J'ai essayé de leur expliquer que j'étais différente, que je n'étais pas à l'image de ce qu'ils croyaient de moi. Rien à faire. Ma mère, comme la sienne avant elle, reproduit le même schéma : elle domine, elle dirige, elle regroupe autour de son giron sa famille et la mienne. Mes filles peuvent séjourner chez mes parents sur ordonnance, mais pas chez moi. La juge ne m'autorise qu'à une visite médiatisée au foyer, en présence d'un psy. Elles désirent vivre leur vie ; à leurs yeux aussi, je suis un monstre, qui ne comprend rien et qui fait tout de travers. Alors je préfère me replier sur moi-même et vivre seule parce que c'est moins douloureux, moins épuisant. J'attends le jour béni où une d'entre elles daignera vouloir me voir. Je quémanderai, comme je l'ai toujours fait, un peu de temps, un sourire, et garderai dans mon cœur ces moments magiques pour me tenir chaud, quand ma solitude sera trop lourde.

Quand on y réfléchit bien, toutes les personnes âgées suivent cette même route. J'ai pris quelques années d'avance puisque je vis cela depuis le bac à sable : *La Solitude du bac à sable*. Peut-être devrais-je intituler ce livre ainsi…

Hier, j'ai rencontré par hasard une de mes triplées au coin d'une rue… elle était accompagnée de son petit ami. Je ne l'avais pas vue depuis trois mois. J'ai sursauté quand je l'ai aperçue, radieuse, magnifique ! Mon cœur semblait vouloir sortir de sa poitrine. Je l'ai prise dans mes bras tendrement en retenant mes larmes. Je n'ai pas plus précieux sur terre que mes enfants.

Dès que j'évoque l'une d'entre elles, il y a de l'eau dans mon regard… ma gorge se serre à ne plus pouvoir déglutir. Je ne sais pas comment m'approcher d'elles, quels gestes j'ai le droit ou pas de faire, si ce geste est opportun ou pas, intrusif ou pas… moi je ne sais pas si je fais bien et depuis ce jugement, ma vie est devenue encore plus compliquée et anxiogène que jamais. Quand je vois mes filles, je suis toujours surprise par leur beauté, par leur luminosité, par leur élégance naturelle, leur vivacité d'esprit. Dotées d'un délicieux sens de l'humour, elles sont de plus modestes. Je me demande comment j'ai pu parvenir à mettre de tels jeunes êtres au monde, moi, stérile, distilbène, tellement inadaptée à ce monde… on m'a expliqué qu'inconsciemment, les enfants étaient des « projections » de soi-même. Cela m'a énormément inquiétée et perturbée et a engendré une foule de questions sur moi-même et l'éducation, le comportement que j'avais eu envers elles, mes petites, que je m'étais promis de protéger de ce monde. Visiblement, elles semblent déterminées et bien armées à se défendre dans ce foyer, au lycée, avec autrui. Elles restent concentrées sur leur scolarité, aident les autres jeunes à s'organiser, cultivent des légumes dans la cour, distribuent les fournitures scolaires, organisent le ménage, les règles de collectivité et se soucient de l'équilibre alimentaire et du recyclage de la nourriture… d'après ce que j'ai pu capter au fil de ma misérable visite mensuelle médiatisée dont je ne bénéficie plus depuis quelques semaines. J'ai demandé à ce que mes filles fassent la démarche de me rencontrer auprès des personnes qui assurent leur « garde et éducation » à notre place. Leur père a la chance de pouvoir passer du temps en dehors du foyer avec les jumelles, pas moi… il n'a pas osé me l'avouer de peur de me faire de la peine. Je l'ai appris par hasard. On a guetté ma réaction à ce moment-là. J'ai eu le ventre qui s'est liquéfié, les intestins se sont recroquevillés sur eux-mêmes, ma tête a failli exploser. J'ai contenu mes larmes et ai affiché un sourire social, celui qui me sort d'affaire en général. Mon cœur était heureux pour leur père, mais mon âme était brisée. Personne ne voulait me voir, la loi m'avait privé de mes filles, me jugeant une mère indigne de confiance. Les psys qui ont mené leur enquête sur ma « santé mentale et les dysfonctionnements familiaux » ont estimé que j'étais une sorte de caméléon qui mentait tout le temps, qui jouait un rôle et que par conséquent, on ne pouvait pas me faire confiance. Et pour cause… je les ai toutes suppliées de me dire ce que j'avais fait de mal, de m'expliquer où était le problème. « Vous êtes une mère maltraitante, vous savez forcément ce que vous avez fait, vos filles sont unanimes ! ne jouez pas les idiotes, cessez ce côté prof : ici, ce n'est pas vous qui commandez ! … Est-ce que vous savez ce qu'est un adolescent ? Décrivez-le-moi ! »

Je commence à dérouler le menu et je me fais hurler dessus…

« Arrêtez de jouer les profs, répondez à ma question ! »

… J'essaie de répondre, mais si on me pose une question, je définis le sujet, j'explique tout ce que j'ai dû apprendre sur la psychologie des adolescents pour être une bonne prof déployant des trésors de patience pour ne pas les juger, pour aider les mères dépassées par leur mioche jadis mignon et câlin qui s'est transformé en quelques mois en un mollusque qui répond et qui ne fait plus grand-chose, embué dans son monde. Je ne compte plus les mouchoirs, les reniflements des mamans, l'absence systématique des pères, ou bien leur présence laxiste ou tyrannique, tout dépend du milieu et de la façade qu'ils se donnent… moi aussi je suis enseignante spécialisée, experte en troubles des apprentissages, oreille compatissante et fine observatrice. Il m'est facile de naviguer dans toutes les familles, surtout en ayant donné des cours particuliers où j'ai pu voir le spécimen dans son bocal, avec le reste des membres…

Les deux espèces d'éducatrices que j'ai en face de moi sont des bourrins sans aucune psychologie, sans humanité, sans finesse et butées. Elles placent les gens dans deux cases binaires : les gentils enfants, les méchants parents maltraitants, surtout c'est pire quand ce sont des saletés de profs… le racisme anti-prof existe vraiment. En général, j'évite de dire ma profession car j'essuie toujours les mêmes méchancetés et insultes. J'ai une seule question : pourquoi, nous, les grosses feignasses toujours en vacances et surpayées pour le job minable que tout le monde *peut* faire n'attire plus personne ? Ce n'est pas *un vrai métier*, la preuve, avec un speed-dating de 30 minutes au rectorat, vous devenez prof… c'est bien un faux job. Moi, je peux faire la plonge sans CV, juste sur un coup de fil, et bien, prof, c'est pareil… Je ne fais pas de politique, j'ai simplement honte du désastre de nos conditions d'exercice de notre si belle profession. Je connais peu de collègues qui n'aiment pas leur métier et leurs élèves. Nous sommes découragés parce que nous ne sommes plus en phase avec une société qui ne veut plus se vraiment se dépasser et éprouver du plaisir à apprendre. Imaginez une ville de gens hagards, mous, gras du cerveau, qui ne sortent plus de chez eux, le nez sur leurs écrans, dans un monde virtuel, plus besoin de sortir faire ses courses, le chez-soi devenant le seul univers à partir duquel on peut tout visiter. Les films de science-fiction me font frissonner car ils annoncent telle Cassandre dans la mythologie, le funeste avenir qui plane sur nos têtes, fatum, héritage inéluctable programmé par des ingénieurs froids, qui interdisent à leurs propres gosses d'approcher d'un écran et de continuer au contraire à jouer avec des cubes en bois et des livres en papier… Je m'inquiète car les troubles des apprentissages qui étaient pathologiques dans les années 2000 deviennent sociétaux vingt ans plus tard. Je touche du doigt que les élèves ne comprennent plus une simple consigne, que leurs émotions deviennent non-comprises, non canalisées et peuvent prendre des dimensions démesurées, relayées par des parents qui surinvestissent leur rôle, car leur rejeton devient faire-valoir mis en scène, objet de leurs espoirs les plus fous, qu'ils *gavent* de tout. Ces nouveaux parents sont procéduriers, vaniteux, connaissent tout sur tout, et considèrent leur produit comme la perfection faite sur terre, objet de tous leurs fantasmes de réussite bien qu'ils les laissent seuls face aux écrans. « Fais ce que je dis mais pas ce que je fais ». Pourquoi, à l'heure des neurosciences où le cerveau et les processus d'apprentissages commencent à dévoiler une partie de leurs secrets, les élèves deviennent de moins en moins performants, entassés dans des classes aux programmes ambitieux mais de plus en plus vides de sens, coupés de leur réalité d'hommes et de femmes, d'êtres en devenir qui ne touchent, ne sentent, ne goûtent, n'entendent plus ce qui les entoure ? Ils vivent par procuration leur vie naissante tandis que des intelligences artificielles leur emboîtent le pas et des algorithmes ciblent et anticipent leurs besoins et les cantonnent à leurs envies, les ciblent comme de vulgaires produits marketing, les *castrant*, les privant ainsi des bienfaits d'une saine curiosité intellectuelle salvatrice, à la source de la désobéissance et de la vraie liberté. Je ne parle pas de la liberté grande gueule, de cette liberté de poisson chat, esbroufe d'une arrogance vulgairement grossière du « je fais c'que j'veux d'abord, j'suis libre, moi et je t'emmerde ! »… Libre de devenir un suiveur du dernier qui a bien séduit, bien parlé, enrubanné de mots vides sucrés/suiffeux, de théories complotistes allant jusqu'à nier les génocides, le racisme, les féminicides, le réchauffement climatique, la faim dans le monde. En France, des personnes cachent des poulets dans leur chapeau pour manger. Accuser une personne pour vol de nourriture ? Où allons-nous ? L'Afrique se meurt… une partie du monde crève de faim et de soif et nous passons notre temps à gueuler, à râler, à nous plaindre et à nous insulter, y compris dans l'Hémicycle de notre République ! Nos hommes politiques offrent le spectacle navrant et racoleur de leurs provocations outrancières comme s'ils voulaient faire mouche, se montrer, se distinguer comme des paons faisant la roue. Et cessez d'employer des mots comme « punch line » ou « dead line », nous avons des expressions pour dire l'outrecuidance mal élevée de ceux qui nous gouvernent en se comportant pitoyablement au sein de notre République « Liberté, Égalité, Fraternité ». Vous me faites honte, Messieurs.

Rares sont les femmes à se comporter d'une manière si déplacée. Mission d'ultime urgence pour les adultes que nous sommes… donnez-leur envie d'avoir envie ! Comment faire de la pédagogie dite « différenciée » avec 32 individus sous le nez ? Ils s'en foutent les mioches de lire… pour quoi faire écrire quand le matériel informatique et l'intelligence artificielle ont déjà pris la place de l'humain ? Le dictaphone est tellement pratique ; du vocabulaire ? Pour quoi faire ? Exprimer des émotions ténues ? Apprendre à dire pour moins souffrir, pour être mieux avec l'autre, chacun tendant vers une harmonie ou un absolu… Surtout cesser de s'exhiber et de dire tout haut sa vie intérieure. Il n'y a plus de frontière entre sa vie intérieure, son vécu physiologique et ce qui doit être exprimé de bon ton. Mais bon, je me leurre puisque je suis une moins de rien, une prof et de surcroît, une mère maltraitante, dixit le petit monde de Madame la jeune Juge trentenaire. Ma Grosse t'as pris un coup de vieux.

Personne ne vivait comme nous, c'est logique. Tout et son contraire me furent reprochés. Ce qui m'a le plus peinée fut de m'entendre dire que j'étais une mère autoritaire, et une manipulatrice. Manipuler qui et pour quoi faire ? Mon propre frère et mes parents ont disparu des ondes radar. Maman repasse derrière moi pour rattraper mon éducation « humaniste » mais ratée à ses yeux, trop *laxiste*. Oui, j'ai ardemment souhaité que mes filles soient ouvertes sur le monde, les religions, la culture, la philosophie… qu'elles deviennent des femmes libres et engagées. Puis-je me dire que si elles ne désirent plus me voir, j'ai alors réussi à rompre la malédiction féminine de mes ascendantes ? J'espère que oui. J'ignore si je suis autiste, mon Haut potentiel a attiré leur suspicion et leur mépris… jusqu'à ce que j'ose enfin faire les tests. Quand la Juge a vu le rapport et a vu qu'il y avait de fortes présomptions de TSA, elle a pâli… elle s'est énervée et m'a demandé qui avait fait les tests. J'avais pris soin de les faire réaliser par une personne loin de ma ville et par une parfaite inconnue pour être sûre de ne duper personne, moi en premier, syndrome de l'imposteur oblige. Il fallait que l'on me croie enfin, que mes filles comprennent qu'elles avaient sûrement hérité de cette douance… et qu'un ramassis de freudiens ne pouvait que faire office de grossières boules dans notre jeu de quilles déjà éparpillées depuis une interminable année… j'avais suffisamment étudié pour savoir que les écoles de psy se tiraient la bourre et que notre France était une sacrée ignare dans bien des domaines. Je ne pouvais pas me douter qu'un TSA pointerait le bout de son nez dans ce jeu infernal… Elle mit une semaine pour rendre son jugement. Cette *pintade* rigide et autoritaire à l'ego XXL m'a dit « Vous n'êtes pas une mère maltraitante, je ne l'ai inscrit nulle part, vous êtes une bonne éducatrice. Je vous souhaite d'être heureuse, on ne se reverra plus ». Idiote, une semaine plus tard, tu places en foyer les deux filles qui me restent ! Tu te fous de ma tronche ou quoi ? Tu as mis une semaine pour rendre ton jugement…

Mes filles m'ont reproché d'être partie en guerre contre leurs deux éducatrices. A mes yeux, elles n'avaient pas respecté leur déontologie, le cœur même de leur fonction en nous traitant aussi mal. J'ai pu le prouver, au prix de leur vengeance car je me suis pris un rapport lamentable. Peu importe. Mes filles voulaient aller rejoindre leur autre jumelle au foyer, je l'avais bien compris. Mais quand l'injustice est là, je ne la laisse pas passer. Et si une autre personne que moi avait vécu la même souffrance, avec moins de résilience, c'était le suicide assuré. Une autre maman que moi peut se faire enlever ses enfants, et les femmes autistes de surcroît. C'est sur la demande de psys n° 4 que j'écris donc ce livre parce qu'elle est aussi désemparée, comme beaucoup de ses collègues des maltraitances institutionnelles et médicales que subissent les femmes atteintes de TSA. Comment peut-on vivre quand on vous arrache vos enfants ? J'ai eu la chance qu'elles soient en âge de se débrouiller seules et d'être, elles aussi, de *petits morpions*. Leur père et moi avions semé l'essentiel. Elles m'ont prouvé depuis qu'elles sont invincibles et bien préparées à survivre dans n'importe quel milieu hostile. En ce sens, cette épreuve a été salutaire a posteriori car je peux lâcher prise et les laisser vivre leur vie sereinement. Qu'elles vivent leurs expériences ; elles y sont préparées dans ce foyer. De plus, elles savent la particularité neurodéveloppementale de leur mère et ne peuvent pas dire que je n'ai pas mené mon enquête jusqu'au bout. C'est un cadeau que je leur donne, mais elles sont trop jeunes pour s'en rendre compte. Occupées par leurs amours, leurs études, la frénésie de leur jeunesse, elles ne peuvent que penser à elles-mêmes et peuvent vivre ce qui m'a été interdit à moi. Ma mère m'a volé ma jeunesse, je la leur offre au prix d'humiliations mais on m'oubliera vite et je me battrai pour survivre une fois de plus en bon spermatozoïde.

Voici le contenu du dernier texto que m'envoya ma mère, alors que j'étais au plus profond des abysses du désespoir : *« Je vois que tu sais que nous juger et ne t'occupe (sic) pas beaucoup contrairement à ce que tu penses de nos souffrances que nous faisons tout pour ne pas te les imposer… Pense un peu plus aux autres mais je me demande si cela t'est possible ? Tu ne te soucies pas beaucoup de nos souffrances tant physiques que morales je parle de moi papa et ton frère. Je n'ai eu qu'un tort c'est de ne pas t'avoir remise à ta place quand tu dépassais les bornes. Tu as toujours la vérité et les autres sont des idiots. Je suis fatiguée et papa aussi mais cela ne t'importe pas beaucoup. Tu restes ma fille et je vois que tu as une piètre opinion de ta famille ! Une famille qui cependant t'aime même si tu as de merveilleux amis ! Nous avons toujours été là pour toi en toutes circonstances mais je vois que tu as la mémoire très courte.*

Papa ton frère et moi sommes malheureux contrairement à ce que tu penses de ce qui t'arrive Et je continuerai de faire de mon mieux... ce n'est pas le cas de tout le monde. Je comprends beaucoup plus de choses que tu ne penses... mais souvent il est préférable de se taire que de blesser les gens sans arrêt. »

Ce fut la dernière fois que je l'autorisais à me culpabiliser ainsi en insinuant sans vraiment dire pour laisser les doutes et les questionnements en suspens. J'avais compris les stratégies de tels individus toxiques et des parents ne doivent pas culpabiliser leurs enfants de ce qu'ils ont fait pour eux. C'est leur rôle de les éduquer, de leur fournir de quoi vivre, l'entre-aide est mutuelle, le grand âge venant aussi. Brusquement, j'ai ouvert les yeux sur ce que j'avais dû faire pour me faire aimer de ma mère, me faire accepter dans leur trio sans jamais y parvenir. C'est elle qui souffrait de ma situation de mère à qui on avait arraché ses enfants, elle qui pouvait avoir tout le monde auprès d'elle, sa cour, faire la pluie et le beau temps. Mon père n'avait pas le droit de venir me voir ou me parler. Elle avait même poussé le vice jusqu'à vendre leur maison qu'elle m'avait promise depuis dix ans à de parfaits inconnus pour racheter l'appartement de mon frère, qu'il ne parvenait pas à vendre. Il y a sa chambre réservée pour la sieste de sa pause méridienne après un repas mitonné par ma mère, son fils y a sa chambre attitrée tandis que mes filles s'entassent à trois pour y dormir quand elles ne sont pas au foyer.

Je crois qu'il m'a fallu vivre une telle situation pour me rendre compte que je n'avais réellement pas été désirée inconsciemment mais que cela était depuis toujours un mode de fonctionnement familial, auquel personne ne trouvait à redire, puisqu'il avait toujours existé.

Mais j'ai une famille, c'est déjà cela, qui ne se souciera peut-être jamais de savoir ce qu'est l'autisme ou pas.

Chapitre 13
119, chiffre maudit !

Je n'ose pas encore me dire que j'ai été une enfant battue, non désirée, c'est interdit et tabou.

C'est comme désobéir à ma loyauté filiale parce que je n'ai manqué de rien et que mes parents se sont saignés aux quatre veines, parce que c'est mal de dire du mal de ceux qui nous ont donné le jour en partant de rien. En plus de ma singularité neurobiologique potentielle non élucidée encore, mon haut potentiel et mon hypersensibilité me taraudent avec un beau et gras syndrome de l'imposteur. Quand j'étais jeune, on corrigeait physiquement les enfants, c'était ainsi. Aujourd'hui, on ne le fait plus, on négocie avec eux, on explique, on dit « s'il te plaît » un nombre incalculable de fois en suppliant presque son chérubin idéalisé, prolongement de sa petite personne déifiée et mise en scène sur les réseaux sociaux de bien vouloir se tenir tranquille, et puis on les confie aux autres pour botter en touche et que les autres fassent les gros méchants à leur place… J'ai un exemple flagrant d'un jeune couple de trentenaires dont le rejeton dort encore à plus de deux ans dans le lit parental, qui va à l'école mais qui n'est pas encore propre. Ils sont révoltés par l'attitude irresponsable et la fainéantise des ATSEM qui leur ont fait remarquer qu'elles avaient du travail et ne pouvaient pas toujours changer ses couches, et que par conséquent, il ne pourrait n'aller en classe qu'une demi-journée. Quelle honte, à quoi sont-elles grassement payées ces feignasses toujours en vacances ? Mais ces charmants trentenaires sûrs d'eux-mêmes comme jamais, n'ont jamais mis leur bambin capricieux et intenable sur le pot ! Jamais ! Aux autres de s'en charger ! J'ai plus de cinquante ans et en une vingtaine d'années, voire moins, le monde a radicalement changé en matière d'éducation. Les théories sur l'éducation ou la démission des nouveaux parents, chacun se cherche et c'est très complexe et compliqué. Je l'ai touché du doigt avec les travailleuses sociales trentenaires, sûres de tout et sûres de la meilleure éducation permissive à donner à des adolescentes. Tout doit leur être permis, pour faire simple, à 15 ou 16 ans, ce sont *des adultes* qui ont le droit de faire ce qu'elles veulent, comme elles le veulent. Elles ne peuvent dire que la vérité. Basta. Je ne partage pas cette « opinion » pour des raisons ne seraient-ce que neurobiologiques. Qu'elles finissent de grandir d'abord, on en reparle après. Se proclamer « adulte » quand le cortex préfrontal n'est pas mature, que les hormones explosent et que l'on est en proie aux premiers désirs sexuels sous influence de la première ou du premier venu, du dernier séduisant qui a raison en criant avec les loups pour ne pas contrarier des ego en effervescence florale, bref, je n'ai pas de leçon à donner, mais je pense que certaines « spécialistes » devraient lire quelques manuels de psychologie sur le fonctionnement neuronal et psychologique des adolescents avant de dresser des rapports pour maltraitance et rendre des jugements freudiens obsolètes datant d'après-guerre, sur des cas qui ne le nécessitent pas.

Ma fille aînée m'a accusée d'avoir été une mère maltraitante en bâtissant point par point des anecdotes de vie de famille pour les monter en neige et en faire des histoires horribles dignes de séries en streaming… jamais je n'ai voulu mettre une fessée à mes filles. Quant au martinet de mon enfance, je l'ai caché un jour pour de bon quand maman s'en est prise à notre petite chienne. Pas mon animal, jamais. Moi oui, pas ma chienne ! En bons freudiens, les psychologues de la mesure judiciaire en ont conclu que forcément, une enfant durement éduquée n'avait pu que reproduire des maltraitances d'une éducation des années soixante-dix, logique, basique, la faute de la mère. Connaissent-elles Boris Cyrulnik et le principe de *résilience* ? Quand on tente de le leur expliquer, c'est pire puisque je n'y connais rien, je ne peux être qu'une manipulatrice à parler ainsi, une menteuse parce que je sais me justifier, c'est louche autant de connaissances sur ces sujets, je cache forcément quelque chose, comme si j'étais aux manettes d'un gang bien organisé qui pouvait diriger même le cerveau de mon propre ex-mari, trop idiot, sous influence, parce que lui, de son côté, n'a jamais constaté la moindre maltraitance… pauvre petit collaborateur, faible homme, victime de sa méchante ex-femme, trop intelligente et jolie pour être honnête. Pauvres enfants, si belles, si polies, si attachantes, si bien éduquées, il faut vous protéger, vite dans un foyer !

Ces derniers mois, épuisée par les enquêtes des services sociaux durant lesquelles il a fallu me justifier, m'expliquer sur l'éducation donnée à mes filles, mon histoire, ma personnalité, mon cheminement psychologique et intellectuel, mes valeurs morales et essayer d'être la plus coopérante possible, tous ces vains efforts m'ont rendue silencieuse. J'ai coupé avec le peu de connaissances que j'avais et je m'enfonce dans la solitude et le silence pour de bon. J'ignore combien de temps cela va durer, mais je m'isole. Vais-je refaire surface ? J'aimerais maintenant que mes premiers résultats TSA arrivent, cela va faire trois mois que je les ai passés. Je me surprends à ne plus vouloir faire d'efforts pour me montrer plus sociable. Je suis épuisée. Je me donne l'autorisation de souffler, d'arrêter de faire plaisir ou comme si de rien n'était parce que je vais très mal depuis tant d'années d'abnégation et de sacrifices. Mes triplées sont placées au foyer de la Protection de l'Enfance, ma fille aînée a disparu avec son copain et profite des allocations de l'État. Elle s'est choisi une autre famille en nous dénonçant pour maltraitance au 119, très bien conseillée par une personne lambda qui connaissait très bien les lois, contre lesquelles deux avocats n'ont rien pu faire. Sa démarche a été inattaquable, indéfendable et j'ai perdu tous mes enfants en quelques semaines sans pouvoir prouver ma bonne foi. En France, n'importe quel adolescent, s'il connaît les lois, peut dénoncer des maltraitances inventées, sans que les parents sachent de quoi ils sont accusés car, pour les protéger, leur avocat ne peut même pas avoir accès au dossier, aux actes précis d'accusation. J'avais une famille « idyllique », des filles gentilles, un ex-mari qui est mon seul et meilleur ami pour le reste de nos vies, et tout est parti aux ordures. Ma fille aînée, amoureuse, sous influence, par vengeance, a constitué un dossier et ses sœurs ont été placées et ont suivi le mouvement, influencées par les travailleuses sociales. Si une juge et tout un système accusent leur mère et leur père, il y a forcément quelque chose qui ne va pas. Mais quoi ? Deux ans après les faits, tout un chacun a ses avis, ses convictions, règnent l'ère du soupçon, les reproches sans queue ni tête, plus loufoques les uns que les autres, et moi je sombre dans la solitude et le silence. Je survis grâce aux antidépresseurs, aux anxiolytiques pris en dose minimale pour continuer à faire du sport sans me légumiser et perdre le peu de contrôle qu'il me reste encore sur la notion de temps, le calendrier, les réponses qu'il faut apporter vite à mes élèves, aux parents, et j'avance en comptant les huit mois qui délivreront mes filles, enfin majeures. Comme un mauvais sort, tous ces gens disparaîtront et moi, je ramasserai les miettes de ce désastre en me débrouillant toute seule, comme d'habitude. Je ne peux compter que sur moi-même car outre cette différence invisible, sourde et silencieuse qui me tient compagnie, qui me tient tout court depuis des années, à l'écart du monde, je dois en plus vivre avec le poids de la culpabilité d'avoir fait forcément quelque chose de mal et de grave puisqu'une juge et ses sbires en ont décidé ainsi. À mon âge, après tous ces mois de souffrances et d'injustices, je n'ai plus la force de jouer les caméléons pour faire encore et toujours plaisir en tendant mon oreille compatissante à tous ceux qui m'entourent. Qu'on me laisse souffler et dire haut et fort qui je suis. Puis-je m'autoriser à ne pas être pas une femme parfaite ?

Je vais arriver au bout de ma quête, enfin parvenir à savoir comment je fonctionne et faire le bilan de mes *dysfonctionnements*, puisque, semble-t-il, il y en a eu pour en arriver au placement de mes filles ! Ce mot « dysfonctionnement », je ne le connaissais que dans le champ du handicap ; on parlait de « dysfonctionnement cognitif ». Appliqué à ma famille, ce mot me fit frémir. Toutes les familles ne traversent-elles pas des crises, des tempêtes, des remises en question ? Pourquoi s'en prenait-on à la mienne ? La mienne en particulier, pas celle des autres, encore plus louche parce que je suis prof, comme mon ex-mari, dans l'enseignement privé et « catholique » en plus…

Je me révolte contre ces services d'aide parentale qui s'octroient des droits d'ingérence au sein des familles, qui font porter la responsabilité à des mères déclarées inaptes sur des critères freudiens issus d'un autre temps. France, tu devrais te cacher et avoir honte. Marianne, cache ton sein, ne brandis plus ton étendard. Liberté, Égalité, Fraternité. Si notre République, en laquelle je crois, affirme pouvoir protéger ses enfants, qu'elle n'oublie aucun d'entre eux et surtout les femmes atteintes de différences invisibles. Que ces différences se fassent enfin jour !

France, tu as déjà été condamnée à plusieurs reprises pour ton ignorance de l'autisme féminin, pour le sort que tu réserves aux personnes atteintes de TSA, pour le non suivi d'une scolarité en milieu ordinaire de ces enfants, de ces adolescents. J'ai vu La Loi de 2005 sur le handicap sous le gouvernement de Monsieur Chirac s'effriter peu à peu au fil des ans. Humaniste, pleine d'espoir pour les personnes en situation de handicap, cette loi est devenue moribonde.

L'Éducation Nationale n'a plus le droit de s'appeler ainsi. Honte à toi Marianne ! Baisse les yeux sur notre jeunesse discriminée qu'elle soit en milieu ordinaire, en banlieue, en situation de handicap ou pas, où ne peuvent qu'émerger que des nationalismes haineux de tous bords. Cessons de penser à court terme, par pitié, que ce soit en matière de gestion de nos ressources naturelles, nos énergies, nos cerveaux qui fuient ailleurs. Misons de manière humaniste sur l'éducation, la santé, la réconciliation des générations et que ceux qui sont différents soient enfin considérés comme des atouts plutôt que comme des monstres. Les politiciens ne savent voir qu'à court terme et de manière stérile, sans tenir compte de tous les aspects d'un même problème. Les mecs, apprenez à penser en arborescence, au besoin, faites-vous aider par une troupe de HPI ou d'Aspies. Certes, ils ne seront pas de bons communicants hypocritement séducteurs des masses à coup d'images médiatiques et de réseaux sociaux, mais croyez-moi, ils auront vite fait de vous débloquer les situations à long terme. Bandes de neurotypiques sans cervelle, sans logique à long terme, dégagez le terrain, commencez par vous remettre en question, il y a urgence climatique, sociétale, crime contre l'humanité. Et, voyez-vous, comme nous ne sommes pas trop doués pour communiquer, attachés à bien œuvrer en douce sur le terrain, peu enclins à se la péter et à galvaniser des foules en délire dans des meetings, on vous laissera même la vedette, alors, à votre place, j'y réfléchirais à deux fois avant de nous balayer d'un revers de main, nous les invisibles, les parias, les gueux, les TSA et les HPI trop hypersensibles pour vos cervelles de parvenus hypocrites tous moulés à la louche dans les mêmes écoles pour richous qui louent des placards à balai pour une boîte aux lettres dans un quartier au bon lycée… quelle honte !

Je ne vais pas chanter l'Internationale non plus comme Simone Veil et sa cousine, adolescentes provocatrices. Je n'aime ni la provocation, ni l'insulte, ni le racolage et je ne pourrais pas faire partie d'un club qui m'accepterait pour membre, encore moins d'un parti politique. Je crois en l'Europe pour éviter la montée des nationalismes, mais raté… cela ne fonctionne pas… zut… alors quoi faire ?

Tout à l'heure, dans le bureau de Wonder Psy que je vois tous les quinze jours, c'est la seule personne avec laquelle je discute volontiers, je me demandais à quoi je pourrais encore aider l'humanité. Je viens de donner ma démission de la Croix Rouge et je passe une partie de mon temps à faire la plonge, isolée au fond du resto, humblement. Je nettoie ma vie, je laisse l'endroit propre derrière moi. J'entends les gens attablés rire, chanter, je nettoie leurs assiettes, leurs restes non consommés. Je range méticuleusement les petites coupelles des verrines dans la boîte en plastique prévue à cet effet et j'observe leurs reflets une fois bien empilées dans cette boîte vulgaire. Elles sont propres, brillantes. Je nettoie ma vie, je vais mieux parce que je vois que je suis capable de ranger proprement quelque chose. J'ai avoué à Wonder Psy que je ne croyais plus en l'humanité et que je goûtais ma solitude comme un havre de paix, moi qui l'ai toujours crainte depuis gamine. J'apprends à savoir qui je suis, comment je fonctionne, ce que je suis capable d'endurer, jusqu'à quel point, ce qu'il m'a fallu apprendre, les sacrifices consentis, les compromis devenus trop souvent des compromissions au péril de ma santé.

Mais bon sang, quand vais-je enfin connaître les résultats de mes tests ? Suis-je autiste ?

Chapitre 14
26 octobre, naissance d'Asperluette…

C'était hier à 19 h 20 : *Asperluette* est née, sans parents, sans amis, seule. Je viens de me mettre au monde, j'ai quelques heures de vie puisqu'il n'est que 4 heures du matin de la journée du 27 octobre. Je viens de me réincarner en *Asperluette*, je viens de finir l'ascension à mains nues de mon puits aux parois humides, à l'odeur fétide de moisi duquel je contemplais le ciel qu'un jour je m'étais promis de contempler à l'air libre. Je ne suis pas née d'un vagin, je suis née d'un puits sombre et moisi gravi pendant 52 ans. J'ai le souffle court, les mains écorchées, les ongles noirs et cassés, le visage boueux mais je respire enfin un air qui n'est plus vicié. Je suis Autiste Asperger et Zèbre : une *Asperluette*.

Pourquoi de sobriquet ? Le morpion de mon enfance est mort. Esperluette fut autrefois la vingt-septième lettre de l'alphabet mais elle fut oubliée, mise de côté. Elle est courbée, imite d'une certaine façon l'infini mais à sa façon bien à elle, d'une singularité attachante. Elle a attendu son heure. Elle occupe une fonction nouvelle dans le langage informatique ou commercial ; elle a su renaître, rebondir, se réinventer et trouver sa place. Si on l'observe de près, on dirait une personne assise qui attend. Il n'existe pas de mot dans notre jolie langue de Molière pour désigner les femmes autistes autre que par un anglicisme. Asperluette est la contraction de cette vingt-septième lettre oubliée et d'Asperger qui se sont unis pour sortir de ce puits moisi et infâme. Je suis mon Asperluette, un visage à la mèche rebelle, visage anonyme, qui se dessine ainsi en filigrane. La lettre oubliée qui attendait assise a maintenant un nom, un visage, celui d'une femme TSA parmi tant d'autres. Le visage d'une femme… invisible aux yeux des autres, dont les yeux évitent de croiser les regards inquisiteurs mais qui observe systématiquement le monde pour passer inaperçue, transparente, bien que pleinement vivante.

Psy n° 3 m'a restitué le bilan de mes tests. Selon la loi, je dois encore me rendre chez un médecin psychiatre pour que le *diagnostic* soit « officiel ». Je m'en moque. C'est la deuxième experte psychologue clinicienne, toutes praticiennes en CESSAD ou au CRA qui confirment leur *identification.* Elles ont été trois en tout. Monsieur le psychiatre attendra un peu, ou plutôt, j'attendrai des mois avant d'obtenir un rendez-vous, des années pour une place dans un Centre de Référence Autistique. À mon âge, la cinquantaine passée, je préfère laisser ma place à une consœur plus jeune, à un enfant, pour leur éviter de survivre dans un puits moisi. J'appartiens à une famille, j'ai des frères et des sœurs, enfin je vais avoir des amis, je vais pouvoir améliorer mes habiletés sociales. On va m'aider à décoder un peu mieux mes interactions avec autrui, reconnaître que je suis différente au grand jour. Je vais pouvoir relever la tête, cesser de regarder par terre dans ma tête… je ne suis pas un monstre, je suis un être humain avec des droits. J'arrive au bout de ma quête. Je vais pouvoir éviter à mes filles bien des questions sans réponses. Elles gagneront un temps précieux, de précieuses nuits de sommeil si un jour elles ont envie de savoir et de comprendre ne serait-ce que leur constellation familiale et l'histoire de leur mère. Le Morpion a bien fait de s'accrocher aux parties sales de son puits infâme.

Je sais où je vais pouvoir me documenter, où trouver des groupes de paroles, des professionnels formés et ne plus errer dans un angoissant questionnement alzébrique. Le Zèbre a tourné en boucle dans sa petite roue et n'eut de cesse de vouloir comprendre, ce qui m'a sauvée. J'ai enfin les réponses à mes questions.

Je me suis fait expliquer, lors de la restitution des tests, que presque toutes les Aspiegirls avaient une passion pour les animaux. Cette passion passe pour « normale » aux yeux de tous, mais chez les

Aspiegirls, les *Asperluettes*, ainsi les appellerai-je, on appelle cela des intérêts spécifiques. Chez les hommes, ils sont plus repérables : un de mes élèves par exemple connaît tous les avions, chars et armements de la Seconde Guerre Mondiale. Il est incollable sur le sujet.

Il veut devenir aumônier dans l'armée, a une tronche de curé du 19e s, rigide comme un balai mais ses parents ne veulent pas entendre parler de TSA, il est rangé dans la case des « dyspraxiques », plus correctement admis… l'autisme fait tellement peur !

Psy n° 3 m'a expliqué qu'une de ses patientes lui avait intenté un procès pour la « forcer » à obtenir une reconnaissance de TSA et qu'elle contestait devant un tribunal l'issue de ses tests. Elle pensait qu'être TSA était plus acceptable aux yeux des autres que de souffrir d'un autre trouble psychiatrique… dont elle était effectivement atteinte. J'ai entendu que c'était à la mode d'être HP ou TSA par le chirurgien qui va m'opérer prochainement et que je n'avais pas la tête d'une autiste… bien voyons ! ça a la tête de quoi un imbécile ? Et une tronche de con ? Mon médecin traitant aussi me regarde avec une drôle de tête et je vois qu'il n'y a pas de la lumière à tous les étages quand j'ai prononcé le mot « autiste ». Il va y avoir de la négociation en perspective quand on se reverra dans quelques mois pour mes traitements… il est pourtant jeune, mais je sens qu'il est à des années-lumière du problème que les femmes rencontrent dans la reconnaissance du TSA…

Parmi mes intérêts spécifiques d'autiste figurent en tête mes animaux… rien de bien extraordinaire si ce n'est qu'ils sont mes amis, de vraies personnes à mes yeux. Ces derniers mois, j'ai eu envie de mourir, je savais même comment procéder, y ayant froidement réfléchi, sans en dire quoi que ce soit à qui que ce soit. J'étais plus inquiète pour eux, pour leur devenir si je disparaissais que pour ma propre disparition parce que je n'avais aucune existence, aucune raison d'être, aucune légitimité. Sans mes filles, je n'étais plus rien. Je refais toute la décoration intérieure de ma maison pour le lapin de ma fille qui adore dévorer le papier peint… hors de question de le mettre dans une cage ! Je vais apprendre à lisser de vieux murs et entame de fastidieuses rénovations pour un lapin bélier qui vit en liberté dans ma maison ! Je suis capable de me lever au milieu de la nuit pour m'assurer du bien-être de tous. Je mijote des petits plats pour mes chiennes. Je me suis ruinée pour un vieux chat récupéré dans la rue, abandonné par des maîtres ignobles ; pauvre bête malade et famélique, tu finiras ta vie soigné et dorloté et moi ruinée par le véto. Pas grave, je me priverai sur autre chose. Je passe des après-midi entières à légumiser devant des documentaires animaliers ou des adoptions d'animaux l'air béat et serein, toujours à la même place, dans la même position, entourée de mes chiennes et chats… j'ai appris que c'étaient des rituels. J'ai compris que j'en avais mis en place plusieurs sans le savoir, qu'ils me permettaient de survivre en milieu hostile. Par exemple, j'ai un sas de décantation systématique. Je passe un temps de repos entre des périodes différentes de ma journée dans ma voiture. La voiture est la transition entre les différents moments de la journée qui me permet d'anticiper l'activité suivante et de la gérer au mieux, le plus sereinement possible. Je me prépare à affronter une autre série de contraintes et ma voiture est un sas. Je peux y passer de dix minutes à une heure le soir, dans le noir, puisque ma voiture est dans le garage, mais j'ai besoin d'attendre le temps nécessaire pour entamer la première partie de la soirée et gérer par avance ce que je vais faire.

Tout n'est que gestion mentale et anticipation la plus sereine possible. J'attends aussi que le flot de la circulation ait cessé avant de sortir de mon travail pour y croiser le moins de gens possible. J'ai réalisé que je pouvais être extrêmement angoissée si je perdais quelque chose ou si je le cherchais longtemps. J'ai compris que mon corps me parlait mais que je n'en avais aucune conscience. Je peux ne pas manger pendant une journée entière et ne pas ressentir la moindre sensation de faim ou de soif et réaliser intellectuellement à rebours que mon dernier repas date du jour précédent. C'est très fréquent surtout si je me mets à travailler ou à me concentrer sur une tâche qui me passionne. Ce qui m'inquiète en revanche plus que tout c'est la faille abyssale que je comprends intellectuellement mais pas physiologiquement entre ce que je crois dire ou exprimer et ce qui est perçu par les autres. Cela m'inquiète beaucoup parce qu'entre mes intentions, les signaux que je crois envoyer et ce qui est reçu, il semble y avoir une galaxie. Je suis inquiète aussi parce que les gens pensent que je pourrais être autocentrée alors qu'en fait, j'essaie vainement d'expliquer mon monde et mes réactions, tentative maladroite pour entrer en communication avec un monde civilisé et terrestre moi qui suis, non pas martienne mais lunaire. La lune me caractériserait mieux. Oh Terre, parviendrais-je à entrer en connexion avec toi au rythme de mes cycles autistiques ?

La nuit dernière, j'ai rêvé pour la première fois de François, mon amoureux platonique d'adolescence. Pour la première fois, il était présent, pour la première fois il voulait de moi, se battait pour devenir mon compagnon, envers et contre tous. Il prenait parti pour moi et défendait ma mauvaise réputation, je devenais l'objet de ses désirs. Je m'étonnais de ce changement, de ce revirement de situation, qui ne s'était jamais produit jusqu'à présent. Je lui disais que je l'avais cherché pendant tant d'années, que j'étais revenue maintes fois dans sa maison, qu'elle était vide et que maintenant il s'y trouvait enfin, que je l'avais tant cherché ! Je lui demandais où il s'était « caché » durant toutes ces années, presque 40 ans. J'avais honte de mon physique, mais cela semblait ne pas avoir d'importance pour lui. Mesdames les Freudiennes, 3, 2, 1, partez !

Mon petit TSA, t'appellerais-tu François ? Tu es un Très Spécial Amoureux/Ami… je t'ai cherché pendant tant d'années, mais tu m'attendais, tu savais que je te regarderais un jour, que je te choisirais et que je te montrerais au grand jour, toi, mon compagnon fidèle de toujours, toi et moi, nous ne faisions qu'un et je ne savais pas que tu me prenais la main, que tu cheminais silencieux à mes côtés et que grâce à toi, j'ai survécu, je suis devenue forte et résiliente. Mon TSA, si tu savais comme je suis heureuse de savoir que tu es là et que tu ne partiras jamais, que jamais tu ne me quitteras. Je vais apprendre à te connaître, connaître tes goûts, tes dégoûts, tes réactions, ce qui te plaît, ce qui te convient, et je te charmerai pour que tu sois bien et que nous vivions en harmonie, toi et moi. Plus jamais je ne partirai en voyage dans mon passé sans toi, puisque je sais que tu vis dans mon présent, que tu m'as pris la main depuis ma naissance et accompagné sur toutes mes routes, gravi les chemins escarpés, arides et abrupts avec moi, et que jamais, pas l'ombre d'un instant, tu ne m'as abandonnée. Merci, mon Très Spécial Amoureux.

Lors de cette fameuse restitution, où je suis née, où je me suis réincarnée et ai enfin accosté sur mon île, radeau en pièces qui a essuyé des tempêtes coup sur coup, j'ai appris, sidérée, que les psys du Service de la Protection de l'Enfance dont je dépendais avaient contacté le CRA dont ma psy fait partie, pour obtenir je cite « une grille toute faite » pour identifier les femmes atteintes de TSA. Ils avaient en effet eu un cas délicat récemment où des enfants avaient été placés. Bah ouais, c'était moi. Elle m'a précisé qu'ils n'en menaient pas large, et que d'autres cas que le mien étaient hélas, en cours dans nos deux régions voisines.

Alors, je ne me tairai pas ! Le visage boueux, les ongles sales, les mains écorchées, honteuse de ma situation, tout droit sortie de mon puits à l'eau croupie, je ne me tairai pas, parce que d'autres mères, d'autres femmes voient leurs enfants placés, parce beaucoup trop d'entre elles sont directement envoyées en hôpital psychiatrique parce que mal diagnostiquées, l'arbre cachant la forêt. Pourquoi ne pas considérer l'être dans son ensemble et continuer à le morceler ? Nous ne sommes qu'un TOUT criant après l'harmonie de notre être disloqué, éparpillé dans un monde pour lequel il n'est plus adapté. Il y a une profonde dichotomie entre nos êtres physiologique, spirituel et intellectuel et ce à quoi on le réduit, on l'enchaîne, dans une nature qui hurle qu'on l'épargne aussi. La médecine occidentale oublie que l'Humain est un tout. À force de se spécialiser dans un domaine, on en oublie des évidences. Beaucoup trop de médecins débordés, certes, sont des distributeurs d'ordonnances via réseaux sociaux ou consultations vidéo. Ils redistribuent le patient et refile ce bébé, ou la partie anatomique à observer au confrère spécialisé. Résultat, après plus ou moins d'attente, on se retrouve chez le confrère qui ne trouve rien à l'examen. Ah ouais ? J'ai pourtant mal. Ah, c'est psychologique… bon, bah on va aller voir les psys et là, c'est tomber de Charybde en Scylla… Le bon vieux médecin de famille est mort. RIP le médecin de campagne, membre de la famille, bienveillant ou pas, respecté, craint, tour à tour. Après ils s'étonnent tous que les gens soient à bout et que leur violence explose ! Mais qui écoute qui ? Tout comme pour les profs, l'accès à internet et la vulgarisation des notions dans tous les domaines ont engendré une vaste ère du soupçon généralisé où s'épanouissent les fleurs du Grand n'importe quoi. Tout le monde a son idée sur tout mais ne connaît rien. Profs, médecins, bien des domaines professionnels sont touchés et cette querelle du « qui aura la science infuse ou le dernier mot » devient un casse-tête du quotidien, agressif, sourd et menaçant, une violence passée sous silence parce que les gens ne peuvent plus se parler sans s'agresser. Les rapports humains, le rapport au temps, sont bouleversés dans cette révolution numérique planétaire : grand Capharnaüm… va falloir se retrousser les manches.

Je vocifère contre ce monde, d'une voix non empreinte de colère puisqu'elle s'est enfin tue en moi, mais que personne n'entendra, qu'il y aura besoin des HP, des hypersensibles et des autistes. Ce sont des gens vrais, qui observent, qui cherchent à survivre et à s'adapter en milieu hostile depuis qu'ils sont au monde. Ils sont habitués à gérer, anticiper, prévoir, alors que le reste du monde improvise le moment venu, c'est toujours passé jusqu'à présent, non ? Sauf qu'un jour ou l'autre, on est toujours rattrapé par la patrouille et qu'il faut toujours passer à la caisse. Tu te tires une balle dans le pied, tu ne peux plus marcher. Au lieu de dire « bête comme tes pieds », dis-toi que sans eux, tu ne peux plus avancer, alors ménage-les tes petons. Rien de plus douloureux qu'une ampoule, ou bien de se cogner l'orteil au réveil, ou de marcher à côté de ses pompes… question de bon sens paysan, croyez-en une autiste qui déteste les chaussures couvertes remises en automne après une saison les pieds libres. Si j'étais riche, je me ferais faire des chaussures sur mesure… sans ces maudites chaussettes qui pressent les pieds et qui ne descendent pas, toutes ces tortures physiologiques du peau contre peau, qui grattent, piquent, écorchent, martyrisent.

Je suis autiste Asperluette.

Chapitre 15
Avis à la population !

Je ne me suis réincarnée en Asperluette que depuis un mois, et depuis l'annonce faite à Emma, des petits miracles se sont opérés. Il fait beau dans mon être intérieur, calme. Je ne veux plus vivre en supportant la nausée causée par des montagnes russes, une vie emplie de sourdes inquiétudes et je m'y emploie sereinement. J'apprends à reconnaître les signes que manifestent François, mon Très Spécial Amoureux, un peu collant, au passage, mais tous les amoureux ne le sont-ils pas un peu avec leur désir de fusion, pour le coup, là, c'est parfaitement bien réussi. Tout d'abord un choix s'est posé : tu le dis ou pas ? Et à qui ? Après conseils demandés auprès de Wonder Psy, il n'y aura plus qu'elle, je dois laisser mes filles choisir ce qu'elles ont envie de savoir ou pas. Je ne suis plus qu'en contact WhatsApp qu'avec mes triplées. Ma Grosse, pense bien à faire 3 messages distincts, ne pas les appeler de la même manière, faire du sur-mesure et n'attends rien, si ce n'est de faire ce qui te semble le plus respectueux.

Message 1 : l'une répond dans la minute. Elle veut absolument savoir. S'en suit une suite de messages à bâtons rompus. Puis, plus rien depuis plusieurs jours. Elle a sa réponse, elle mène sa vie avec sa compagne dans sa belle-famille et en partie au Foyer en *semi-liberté.*

Pour les vraies jumelles, l'une ne veut pas savoir et m'envoie un message bien senti en mode, « cela te regarde, pourvu que tu ailles enfin mieux, règle tes ennuis toute seule, moi je fais mes choix, je gère ma vie comme je veux. Une mère digne de ce nom (que je ne suis pas à ses yeux) doit soutenir ses enfants et être présente en toutes circonstances » selon elle… Bon, prends ça dans les dents. Je réponds courtoisement que je respecte ses choix. Mon ventre se vrille :

Encaisse le coup, c'est le prix à payer pour que tes filles grandissent et coupent avec ce lien qui fut si intense. Elles doivent te réduire en miettes pour prendre leur envol. Peut-être un jour comprendront-elles que je serai toujours là pour elles et que je me bats pour leur liberté. Ma mère m'aurait pulvérisée si je lui avais dit le centième de ce qu'elles me balancent sans ambages. Au pied de la Croix du Christ disent les Évangiles, il y avait la Pute, Jean le Chouchou et la Mère. Les autres apôtres s'étaient fait la malle et se planquaient. Moi, au pied de la Croix, je suis l'Asperluette. J'assumerai. Je ris sous cap, imaginez une représentation picturale de ma petite personne au pied de la Croix ou dans une Pietà… Voyons voir… à tous les coups, je regarderais si les clous sont bien plantés, le degré de solidité de la croix, la texture du bois ; j'observerais la tronche des deux autres larrons, l'état des ongles de leurs pieds, à coup sûr, la couleur du ciel, les sandales de Marie-Madeleine ou la tunique rouge des centurions, le flamboiement de leurs armes, la boucle de leur ceinturon. Mon regard inquisiteur furtif et véloce ferait le tour des moindres détails et je chercherais aussi de quoi soulager le Christ de ses douleurs, quitte à désobéir, en train de trouver vite fait, bien fait une solution. Bien sûr, je trouverais la situation injuste pour tous les crucifiés du bled mais je ne chercherais pas à savoir qui avait raison ou tort dans la situation puisque, ne me mêlant pas des potins ou du taux de popularité du Christ ces derniers temps, je serais passée à côté du Rédempteur pas encore ressuscité au passage, attention à la remise en contexte ! Quant au Centurion qui lui a tendu une éponge vinaigrée, j'aurais insisté pour que tout le monde ait de l'eau, mais la symbolique n'aurait pas été la même pour les futurs exégètes. Ne commence à remettre le bazar !

Au tour de Jumelle monozygote n° 2, celle qui m'avait auparavant demandé des documents sur l'Asperger au féminin, qui voulait absolument savoir où en était ce livre, et qui s'était demandé, seule, bien avant moi, si elle était autiste ; elle n'a pas répondu à ma question.

Elle a fait mine de ne pas vouloir savoir, ne répondant pas à ma sollicitation par loyauté envers sa jumelle, parce qu'elle sait tout depuis bien longtemps. Cela ne l'a pas empêchée de nous donner, à son père et à moi des nouvelles depuis, discrètement, et de se manifester régulièrement, comme sa jumelle.

Leur père, qui peut les voir un tout petit peu plus que moi en est malade dès qu'il se rend au Foyer en visite médiatisée. Ils parlent ensemble de la pluie et du beau temps. Je le récupère en charpie après chaque visite. D'autres ex-conjoints se seraient entre-déchirés et jeté des horreurs à la figure, au contraire, nous nous soutenons, entretenons régulièrement le souvenir de notre famille jadis unie et savons que nous pourrons toujours compter l'un sur l'autre. Nous n'empiétons pas sur nos vies privées respectives mais nous avons plaisir à nous rencontrer, aller au ciné ou nous faire un petit resto. Nous sommes l'un pour l'autre de vrais amis, et les parents de nos filles à jamais. Notre maison, dans laquelle je vis toujours est en indivision, toutes mes économies passant dans des travaux de réfection pour que ce bien soit un investissement et un héritage pour nos filles. Pas de jalousie, pas de règlements de compte. Il fallait que notre séparation s'opère pour que nous vivions mieux notre parentalité et nos vies plus sereinement.

J'étais sans arrêt malade en vivant sous le même toit que lui, me sentant prise au piège, oppressée. Maintenant, je sais pourquoi au vu de nos personnalités respectives. Tout a un sens et je ne me sens plus coupable de ce divorce. Je sais que j'ai instinctivement fait le bon choix puisque ni lui ni moi n'étions épanouis en fin de compte. La parentalité complice est une chose, l'harmonie du couple, une autre. Sont-elles compatibles ? Je l'ignore. Si je le savais, je ferais breveter le tout et serais super riche pour me faire confectionner des grolles sur mesure.

Quid de l'annonce du TSA en salle des profs ? Facile, il n'y a eu qu'à laisser-faire radio tam-tam. Je glisse avec sobriété et calme l'info à quelques-unes, qui feront le reste entre midi et deux, à l'heure du déjeuner auquel, bien entendu, je ne participe pas. Emballé c'est pesé, roule ma Poule. J'apprendrais quelques mois plus tard que le suis qualifiée de « mythomane », que je veux me rendre intéressante, que l'autisme ce n'est pas cela et que je suis folle. Certains parents iraient même jusqu'à se plaindre de moi au Rectorat.

3J'ai été convoquée dans le bureau de la Directrice Adjointe, qui m'a posé une foule de questions. Elle me côtoie depuis vingt ans et elle m'a dit qu'en fait, c'était évident depuis le début. Cela se voyait à ma façon de marcher, à mon attitude solitaire, à des réactions singulières et à ma fulgurance intellectuelle. Là, je lui ai demandé de bien vouloir répéter… moi ? Intelligente à ce point ?

« Tu ne sais pas que tu es brillante ?

— Qui ? Moi ? À quoi tu le vois ?

— Eh bien tu as le don de voir ce que les autres ne voient pas chez les élèves, tu maîtrises bien ton sujet, les troubles des apprentissages, les handicaps ! Quand tu commences à parler, on sait que ça glisse et que ce sera pertinent et juste. Tu ne le vois pas ?

— Mais, je n'ai aucune perception de moi-même… non, je ne le sais pas. »

Moi, je tremble à chaque réunion parents-profs, chaque rencontre individuelle me met mal à l'aise. Pour y faire face, je me blinde et cela est très énergivore. J'enfile une sorte de combinaison du type Équipement de Protection Individuelle en milieu hautement toxique. Je fais des cauchemars à chaque veille de rentrée. J'oublie vite le nom de mes élèves pendant les vacances, qui cassent mon rythme et mes habitudes, mais je suis capable de connaître tous leurs défauts, là où ils en sont dans leurs apprentissages, ce qui leur manque pour progresser. Le souci vient du fait que je « sens physiologiquement » s'ils ne suivent plus, s'ils ont des ennuis en entrant en classe, mais je suis toujours la dernière au courant des potins que j'ai en horreur. Tous ces effluves physiologiques sont éreintants car envahissants. Je ne saurais pourtant pas reconnaître mes élèves dans la rue ! Une vieille prof routarde, rien de plus ! Dès qu'ils rentrent dans ma classe, je perçois le moindre détail de leurs bijoux, de leurs chaussures et les couleurs vives de certains vêtements. L'année dernière, un géant de quatrième, fanfaron, joyeux et très sympa, mettait toujours des sweats à capuche d'une couleur criarde. Ces hauts me donnaient des maux de tête affreux à en vomir : orange, jaune, violets, arrogants et provocants, je ne voyais qu'eux, ils polluaient mon champ visuel et j'avais un mal de chien à me concentrer sur autre chose, j'en bafouillais. Il a fallu négocier sur le mode humoristique pour qu'il me fasse la faveur d'enlever au moins celui de couleur orange, le pire de tous parce qu'il tirait sur le fluo.

Pour la première fois de ma piteuse existence je commence à me dire que de statut de morpion indésirable, de méchant électron libre, de mère maltraitante, je ne suis pas si inapte que cela et méritante quand j'ose jeter avec bienveillance un coup d'œil dans le rétroviseur de ma vie. À mi-parcours, ou presque, il me semble avoir été en effet méritante et que j'ai accompli bien des choses à force de lutter pour y parvenir avec les moyens du bord. Je vais cesser de raser les murs et cesser de rougir de mon parcours et de ma différence, parce qu'elle m'a permis de survivre en milieu hostile. Pour le moment, je récupère en mode bête traquée, proie d'une impitoyable chasse à courre durant laquelle des chiennes ont dépecé et dévoré des pans entiers de mon corps et de mon âme de mère, de femme mais le moment va venir de me relever. D'après Wonder Psy, j'ai commencé ma phase d'acceptation parce que j'ai piqué une photo à mon ex de nos filles ensemble que j'utilise comme marque page. Je peux regarder cette photo sans pleurer, en ne gardant que des souvenirs heureux dans le cœur, mais sans regret ni amertume d'un passé qui ne reviendra pas, en gardant l'espoir d'un futur serein.

Je suis une Asperluette !

Chapitre 16
Gynécide à petit feu

Savez-vous qu'il y a autant d'autismes que de personnes ? Notre Belle France est en retard dans le traitement des personnes atteintes de ce syndrome. Les personnes lourdement handicapées ne sont presque pas scolarisées en milieu ordinaire. On appelle « milieu ordinaire », les écoles « normales » où tout un chacun devrait avoir le droit de recevoir un enseignement de qualité au sein d'une République où son élite croit en ses générations futures et ne les abandonne pas à leur triste sort où les élites tireront toujours leur épingle du jeu à coup de relations, de coups de pouce, de népotisme ou d'argent. Ne me faites pas croire que la scolarité est égale pour tous.

Je ne crois plus à l'égalité des chances et au collège pour tous. À un moment ou à un autre, il faut de l'argent pour se loger, se déplacer, se nourrir, acheter des livres. L'accès à la culture ne concerne pas tout le monde. L'école n'a plus les moyens, comme bien d'autres professions pour fonctionner sur des bases saines autres que la bonne volonté. Cessons de considérer que sous prétexte que les personnes sont passionnées par leur métier comme un religieux par une vocation, il faille être moins bien payé, c'est scandaleux ! De qui se moque-t-on quand d'autres gagnent grassement leur vie en spéculant mais ne supportent pas d'attendre aux Urgences bondées, des médecins qui gagnent des clopinettes après des années d'études où ils auront dû se battre comme des diables pour qu'on leur crache à la figure qu'ils sont des moins que rien ! Les auxiliaires de vie qui aident les personnes invalides chaque jour sont considérées comme de vulgaires *boniches* qui doivent payer elles-mêmes leurs trajets, travailler dans des conditions très rudes ou le corps craque toujours à un moment donné, alors que sans ces personnes, nos Cabossés de la Vie ou en fin de vie ne pourraient ni se laver, ni manger, ni vivre dignement !

Nos personnes âgées, enfin sous le feu des projecteurs, nos personnes en situation en handicap sont des pustules qu'on écarte d'un revers de manche et que les institutions maltraitent depuis trop longtemps ! On abandonne des aidants, des auxiliaires de vie, des parents qui doivent survivre avec les moyens du bord. J'ai abordé le thème de l'autisme, mais il en va de même pour bien d'autres sujets ou maladies, ou handicaps, hélas.

On ne devient pas autiste, on naît autiste et on n'en *guérit* pas ; ce n'est pas une pathologie. On parvient au fil du temps, quand il n'y a pas de déficience mentale à en atténuer les signes envahissants, qui restent toutefois énergivores et épuisants à force d'hypervigilances constantes et de suradaptations successives et répétées, empilées comme les cartes d'un château brinquebalant et fragile, menaçant de s'écrouler au moindre courant d'air ou geste maladroit. Il s'agirait maintenant que cessent les idées fausses et les imageries mentales déviées, proches de la caricature ! Chez le grand public ou les professionnels de santé, on pense toujours que l'autisme est une maladie mentale, une forme de psychose ou une schizophrénie comme dans les années 70 et dans le DSM, mais c'était il y a 50 ans ! Dans les années 80, il a été déplacé dans les TED (troubles envahissants du développement).

Il y a une forte origine génétique. C'est une particularité neurodéveloppementale qui apparaît dès le départ de notre existence et qui se compense mais qui ne disparaît pas. Le Lutin Farceur que je décrivais avec mes mots illustre cette particularité neurobiologique et ce traitement de l'information par les sens toujours aux aguets. À chaque femme sa forme d'autisme mais surtout leurs magnifiques facultés de suradaptation et de camouflage. Nous pourrions donner des cours aux meilleurs des agents du GIGN pour notre parfaite maîtrise de l'art de la planque en milieu hostile. Le TSA au féminin ou l'Art de la Planque, de la Dissimulation en bande organisée. Y a-t-il une forme de TSA spécifique féminin ? Les avis semblent diverger et tout le monde y va de sa théorie. Quand allez-vous vous entendre ? Nous, nous ne faisons qu'ouïr et subir, les intolérables bourdons des cloches de vos stériles querelles de clochers qui fracassent nos oreilles ! Vous nous réduisez à l'état de Quasimodos sourds, handicapés, hideux, incapables de vivre sereinement sans être harcelées, chassées, conspuées à cause de nos différences invisibles ! J'aimerais que mes filles, si elles souffrent de ce syndrome, que toutes les filles de mes consœurs femmes puissent avoir de la place dans un CRA sans attendre des années pour y être reçues et qu'on cesse de nous comparer aux hommes. C'est une forme de Gynécide à l'échelle mondiale. Quand vont cesser ces atteintes faites aux femmes en règle générale, dans le monde entier ? Que ces femmes soient afghanes, iraniennes, qu'elles portent un voile ou non, de quelque continent qu'elles viennent, qu'on cesse de les violer, de ne les voir que comme des vagins ou des ventres, de les maintenir en arrière-plan, de les comparer aux hommes qu'elles ne sont pas. Encore toi Eve, on se croise encore… est-ce ta faute à toi, ou à Pandore ? Dans ta boîte, Pandore, animée de curiosité non pas malsaine, mais intellectuelle car les femmes ne devaient surtout pas accéder à quelque forme de connaissance dans quelque domaine qu'il soit dans ta légende, il reste tout de même l'Espérance, non ? Aucune d'entre vous n'a répandu le malheur sur la terre, les hommes ont été bien assez fous, depuis la nuit des temps, pour l'engendrer par eux-mêmes, sans avoir à nous accuser, nous, les femmes.

Certaines personnes autistes sont enfermées en hôpital de jour et sont traitées comme des malades mentaux, d'autres sont diagnostiquées schizophrènes ou bipolaires ou dépressives à tort ! La France a été plusieurs fois condamnée pour son retard dans le traitement de l'autisme mais les choses avancent si lentement ! Cinquante ans de retard ! Quelle honte ! À moi, on m'a pris mes enfants. Personne ne m'a crue, et quand j'ai parlé de mon TSA, le psychologue a dit que j'étais malade mentalement, comme une schizophrène ! Je lui ai répondu qu'il devait d'urgence retourner sur les bancs de la fac… pas très diplomate, je sais, mais stop à la bêtise institutionnelle ! J'ai demandé que mes filles soient au moins suivies par un psychologue sensibilisé à ce domaine, mais cela m'a été refusé !

Je pense que le Haut Potentiel contribue à atténuer en apparence les lignes trop visibles du dessin de l'autisme sans en effacer les contours !

Nous ne sommes pas des génies qui savent systématiquement compter dans tous les sens en mode *bête de cirque*, nous ne nous tapons pas la tête contre les murs, nous ne bavons pas, nous n'avons pas de mimiques ou ne répétons pas des phrases en boucle, nous avons appris à regarder dans les yeux, nous sommes aussi empathiques, avec des émotions différées, hélas pas toujours dans la norme sociale attendue… Oui, c'est une différence qui ne se voit pas mais qui est bien visible, nous condamnant à rester encore trop en marge des autres pour pouvoir survivre aux incessantes agressions du monde environnant, subies bien malgré nous et duquel on devrait nous protéger plutôt que d'en rajouter ! Parce qu'une femme se doit d'être toujours à son poste, compatissante, bien élevée, mère parfaite, bonne épouse, toujours aux petits soins pour tout un chacun, la femme autiste est obligée de prendre sur elle, d'aller au-delà d'elle-même pour paraître adaptée aux normes sociétales qu'on impose à toute femme « digne de ce nom ».

Mais au prix de quoi ? Je vous le demande ? Qui prendra en compte le calvaire que nous taisons, à toujours faire pour le mieux en nous oubliant nous-mêmes jusqu'à en tomber malade et pire, en ce qui me concerne, braver l'ultime maltraitance institutionnelle d'avoir été jugée « mère maltraitante » et à qui on a pris ses filles !

Cessez enfin de nous renvoyer nos prétendues prédispositions biologiques qui seraient la cause du fait que les femmes souffriraient moins de TSA SDI que les hommes ! C'est honteux. Le problème, comme bien d'autres, est sociétal et une fois de plus genré et lié au sexe !

Il semblerait que l'Histoire se répète et que Hans asperger soit encore parmi nous. Le Centre de Contrôle des Maladies aux USA

(CDC) diagnostiquerait 4 fois plus d'hommes que de femmes. Je ne suis pas matheuse et moyennement douée pour les résolutions de problèmes avec des baignoires qui fuient… mais « Sachant que dans un groupe clinique se trouvent 85 % d'hommes, à quel pourcentage des femmes se verront-elles amputer la chance de se voir diagnostiquer un TSA ? Vous avez une heure pour résoudre cette équation à plusieurs inconnues ».

Si les femmes sont sous-représentées dans la recherche parce que l'on considère dès le départ comme un postulat fondé selon lequel notre super système neuroendocrinien (ah, les hormones !) ne nous exposerait pas au TSA, comment ne pas biaiser les résultats finaux ? Ajoutez à cela que si les outils utilisés par la suite sont créés à partir de ces recherches préalables, sont-ils vraiment adaptés à nous, les femmes ? Et je ne parle pas des outils d'accompagnement, puisque nous ne serions pas, au dire de bien des professionnels, susceptibles génétiquement d'être sujettes à souffrir d'un TSA… absurdités en cascade !

Mais alors… peut-on s'appuyer alors sur le DSM 5 ? Et là, je pousse Mamie dans les rosiers pour les professionnels, mais mon raisonnement aboutit à un enfer car il tourne en rond avec pour épicentre, les souffrances des femmes autistes !

Et que se passe-t-il lorsque, épuisées, nous avons abattu toutes nos cartes après des années de camouflage et de suradaptation, lorsque nous nous replions sur nous-mêmes, introverties, que nous présentons tous les signes cliniques d'une extrême fatigue accompagnée de troubles du sommeil, de maux de ventres, de dépression et de troubles anxieux généralisés ? En un mot, que se passe-t-il lorsque nous ne trouvons plus de stratégies compensatoires ? C'est le suicide assuré ! Je parle alors de gynécide. Un trouble neurodéveloppemental n'est ni une tare et ni une maladie mentale. C'est une spécificité neurobiologique et pour peu que l'on nous fasse une place, comme tout un chacun devrait en avoir une dans l'univers, qu'il soit handicapé, vieux, malade ou autre, les personnes autistes sont des êtres précieux qui amènent une richesse à ce monde qui marche de travers !

Messieurs et Mesdames les professionnels, il y a urgence à revoir la place des femmes dans vos approches systémiques, vos diagnostics et vos manières de procéder. Je me suis souvent demandé ces derniers mois, si les psychologues aujourd'hui ne se prenaient pas pour un Gourou tout puissant ou un Monarque Absolu, oint du Seigneur, ayant le droit d'épargner ou de condamner la pauvre petite créature qu'il range dans une petite fiole sur son étagère étiquetée, la contemplant d'un air hautain, dépourvu d'humanité. Prenez du recul, pratiquez le doute systématique et remettez-vous en question ! Un arbre cache toujours une forêt, ouvrez les yeux, observez ! Quant aux juges, formez-vous un minimum en psychologie ou voyez-vous remettre officiellement, quand vous prêtez serment, un fascicule de *La Psy pour les Nuls à l'usage des Magistrats.* CQFD ! Je suis Asperluette !

Chapitre 17
Papa

La dernière fois que je t'ai dit mon amour, ce fut pour ton anniversaire, un simple texto que je rédigeai en pleurs, que sans doute tu n'accusas jamais réception ou que maman accusa pour toi bien des semaines plus tard, qui disait tout de ce que je ressentais pour toi. Homme silencieux, taiseux, renfermé sur toi-même, timide à la maison, solaire à l'extérieur. Tu fus un père présent mais discret. Tu as tout donné pour ta femme et tes enfants, cette femme si chanceuse que tu soignas jour après jour, que tu écoutas se plaindre de tous les maux possibles, éternelle victime, chanceuse pourtant mais ne le sachant pas. Elle se plaignait si souvent de toi pendant mon adolescence si bien que je t'en voulus, alors que je passais du temps avec toi à faire du sport au même âge. Je me demande aujourd'hui ce qu'aurait été ta vie sans nous et si tu fus heureux ou pas. Je craignais par-dessus tout tes rares reproches et tes colères lorsque tu explosais, sans doute à bout de nerfs. Tu me faisais si peur.

Je vois l'apatride que tu as été, le fils de réfugié de nulle part, en transit pour une France que tu ne quittas jamais pour que ta famille, mes oncles et tantes, que je ne connus jamais, ne soient pas séparés. Ton père savait tout faire de ses mains, tu ne manquas jamais de rien, surtout pas de nourriture, bien que vous ne viviez que dans une seule pièce ; tu ne manquas ni d'amour, ni de pain, ni de vêtement, ni d'instruction. On se moqua de ton accent puisque tu parlais trois langues différentes dans ton foyer où il faisait toujours chaud, bien que vous en changiez souvent pour louer vos services dans une ferme, vous les émigrés d'une guerre, d'un pays en miettes d'après-guerre. Je porte en moi ton histoire, ton faciès, tes yeux, ta carrure charpentée et solide. Tu as tout appris par toi-même, tu fus brillant, intéressé par le monde, la culture, dévoué travailleur qui se donnait sans compter, incompris d'autrui car toi aussi « peu diplomate ». Taiseux, passionné, déterminé, tu fus mon père, tu l'es toujours, enfermé dans ton monde. Le suis-je aussi comme toi ? Tu me berças pendant des nuits entières en dansant la java, heureux d'avoir une fille aux yeux bleus. Je sens encore le contact de ma minuscule main dans ta main de géant lorsqu'un matin, nous traversâmes la route pour aller me chercher un pain aux raisins pour moi seule. Je ne devais pas le dire à maman. C'était un secret entre nous. Je te revois encore en slip Obélix à rayures blanches et orange en tissu éponge, que tu ne quittais jamais en vacances, puissant, faisant toutes les tâches de forçat après une semaine harassante d'un boulot à l'usine. Toi si délicat qui avais revendu ta voiture pour une vulgaire mobylette à ma naissance, toi qui apportais à maman une rose rouge tous les jours jusqu'à ce qu'elle te dise d'arrêter, toi qui lui apportes depuis qu'elle fut enceinte de moi, son petit déjeuner au lit tous les jours et qu'elle râle parce le beurre est mal tartiné. Elle trouve toujours à redire, mais tu es toujours là. Toi si intelligent et brillant, doutant toujours de lui-même. Je n'ai pas eu la chance de croiser un tel homme dans ma vie et je te rends hommage par ces mots, que tu ne liras sans doute jamais parce que tu ne me connais pas, parce que tu as cheminé à côté de moi et que je suis pour toi, une parfaite inconnue. Mais puisque je viens de me mettre au monde, et que sans toi, je ne serais pas là, il me semble légitime de te dédier ces mots. Tes colères étaient rares mais exprimaient l'épuisement, je le sais maintenant. Nous avons partagé des jeux, des bagarres sur le canapé, j'adorais me blottir contre toi jusqu'à ce que maman prenne toute la place et que je disparaisse de ton contact si rassurant… papa… j'ai tenté de t'expliquer que j'étais peut-être autiste, ma voix s'est perdue en échos perpétuels, se répercutant sur les montagnes de ton éternel silence et de ton incompréhension. Ton fils perpétuera ton nom, celui de ton père, ma filiation à moi n'existera pas, je ferai disparaître ton nom par mes filles. J'en ai choisi un autre car je ne le mérite sans doute pas à tes yeux. Quel souvenir garderai-je de toi quand tu disparaîtras ? Je l'ignore. Je suis restée toutes ces années à tes côtés par le sport, par les immenses repas gargantuesques que je te préparais, pour que tu sois fier de moi, bien avec tes petites filles, perpétuant ta tradition ancestrale de ceux qui savent recevoir, par toutes ces bonnes choses que je t'offrais aussi, les rares fois où tu t'échappais pour venir me voir, avant de recevoir un appel pour rentrer chez toi jusqu'à ne plus venir me voir un jour. Mes filles ont eu la chance de te connaître ; je n'ai pas eu la chance de rencontrer ton père, ma tante, une partie de mes cousins. Maintenant il est trop tard. Je vis dans le présent et nous ne sommes pas maîtres du futur. Tu as choisi ta famille, tes amis, ta vie et j'espère que tu es sûr d'avoir choisi plutôt que subi, je te le souhaite. Le passé est semblable à des pas dans le sable. Chaque vague les efface, il n'en reste rien à l'échelle du temps immuable, alors autant sentir chaque pas éphémère de nos pieds nus au bord de l'océan.

Asperluette est ta fille qui t'aime.

À force de volonté, changerai-je enfin le plomb en or ? *Asper muette* je ne serai dorénavant plus. J'envoie une bouteille dans l'océan infini des mots vibrants et chauds que la lune, au fil de ses cycles, gonflera de ses marées fertiles.

Je dédie ces mots à Blandine G. ma Wonder Psy, à ses consœurs Charlotte P. et Sandrine P. Vous m'avez offert les clés et ouvert les portes d'un monde si riche, j'ai retrouvé mon ciel, mon univers dans l'immensité des nues.

A Nadège B. pour Opale et Luciole.

Enfin à mon mentor Hubert Mounier, *« Ne m'oublie pas et cette pensée me suffira »,* d'où que tu sois, mon Ami, trop tôt disparu. Je t'ai senti présent pendant tous ces mois, jetant un œil par-dessus mon épaule, veillant sur moi aussi.

J'ai tenu ma promesse.

À vous enfin, ANGE, mes filles. Quand vous serez prêtes, puissiez-vous retrouver le chemin de la maison et de la paix… je vous attendrai avec tout l'amour d'une mère, imparfaite, d'une simple femme, qui vous aime à l'infini.

Imprimé en Allemagne
Achevé d'imprimer en juin 2023
Dépôt légal : juin 2023

Pour

Le Lys Bleu Éditions
40, rue du Louvre
75001 Paris

www.ingramcontent.com/pod-product-compliance
Lightning Source LLC
La Vergne TN
LVHW091323150826
845673LV00006B/1750

* 9 7 9 1 0 3 7 7 9 8 7 4 9 *